알쏭달쏭 궁금해요

한국어와 한국문화

알쏭달쏭 궁금해요

한국어와 한국문화

발행일 2017년 8월 28일 초판 1쇄
2018년 3월 30일 2쇄
펴낸이 아리랑한국문화원

글·구성 이주란
그림 전득성
편집 강경업

번역
일본어 이보순, 최의철, 나카무라 사토시
영어 민진희, 강시명, 빠트로 리베라

문의 070-8644-3017
E-mail jr4334@naver.com

인쇄
발행처 상생출판 **전화** 070-8644-3156 **팩스** 0303-0799-1735
주소 대전시 중구 선화서로29번길 36(선화동) 출판등록 2005년 3월 11일(제175호)
ⓒ2017상생출판 ISBN 979-11-86122-63-1

가격은 뒤표지에 있습니다.

알쏭달쏭 궁금해요
한국어와 한국문화

아리랑한국문화원 펴냄

상생출판

목차 目次 Contents

"장차 우리나라 말과 글을 세계 사람이 배워 가리라."

이 말씀은, 약 한 세기 전 동방 한국 땅에서 천제의 화신이라 일컬어진 강증산이란 분의 선언입니다. 그는 장차 지구가 한 가족이 되는 신문명이 나오는데, 그때 한국 문화와 언어가 중요한 역할을 할 것이라 하셨습니다. 지금 지구촌은 정말로 그 말씀 그대로 진행되고 있습니다.

한국문화는 한류The Korean Wave라는 이름 아래 한국어, 한식, 한복, 한옥, 한국 드라마와 영화, k-pop 등으로 세계와 소통합니다. 그 가운데에 당연 으뜸은 한국어가 아닐까요? 한국어가 그들을 서로 이어주는 연결고리 역할을 한다는 점에서 말입니다. 사실, 먼저 다양한 한국문화를 접한 후에 한국어에 대한 관심을 가졌다는 학습자들도 많아서 한국문화와 한국어 사이에 순위를 논할 문제는 아닙니다. 한국어가 세계 사람들을 하나로 아름답게 이어줄 수 있도록, 많은 한국어 교육기관들과 교원들이 교재개발 연구와 출간에 애쓰고 있다는 것을 말씀드리고 싶을 뿐입니다.

아리랑한국문화원은 이제 막 그 대열에 섰습니다. 한국어와 한국문화의 참모습을 드러내기 위해 『알쏭달쏭 궁금해요 한국어와 한국문화』로 첫 발을 내딛게 되었습니다. 본 교재는 한국문화를 바탕으로 한 한국어 교재입니다. 그래서 매 단원의 〈알쏭달쏭 궁금해요〉에서 한국문화의 고갱이를 1차적으로 보여줄 수 있는 내용들이 선정된 것이 특징입니다. 이것은 일본어와 영어로 번역되어 실렸습니다.

아직 부족함이 많은 책이지만 함께 한 이들의 마음만은 아주 큽니다. 앞으로 더 알차고 재미있는 책들로 여러분과 만날 것을 약속드립니다. 차후 각 언어권별 교재도 출간될 예정입니다.

끝으로 이 책을 마주할 독자들에게 두 손을 모아 감사의 말씀을 전합니다.

단기 4350년 여름
아리랑한국문화원 일동

刊行によせて

　これは、約一世紀前東方韓国の地に生まれ、天帝の化身と呼ばれた姜甑山という人物の残した言葉です。彼は、将来地球が一つの家族になる新たな文明が誕生し、韓国の文化と韓国の言葉が中心的な役割を果たすであろうと説きました。そして今、世界はまさに彼の言葉通りの方向に向かっています。

　現在、韓国文化は韓流(The Korean Wave)という名のもとで、K-POPや韓国映画をはじめ、韓国ドラマ、韓食、韓服(ハンボク)、韓屋(ハノク)など、様々な分野で世界に知られつつあります。当然のことながら、その中心に位置するのは韓国語ではないでしょうか。韓国語があるからこそ、それらをつなぐことができるからです。韓国文化に接した後、韓国語に興味を持つようになったという学習者は多く、韓国文化と韓国語のどちらが先かは重要なことではありません。韓国語の教育機関や教員たちは、韓国語を通して世界の人々が一つになれるよう教材の開発に日々努力を重ねております。

　この度、アリラン韓国文化院はその仲間入りを果たしました。そして、韓国語を通して正しい韓国文化を伝えるために、『なんだろう、知りたいな！韓国語と韓国文化』(原題：알쏭달쏭 궁금해요 한국어와 한국문화)』を出版する運びになりました。本テキストは韓国文化を中心に構成された韓国語のテキストです。単元ごとに＜なんだろう、知りたいな！＞の項目があり、韓国文化の真髄ともいうべき内容を紹介しているのが他の教材にはない特徴です。これは、日本語と英語の翻訳を併記しております。

　まだ至らない点が多々あるとは思いますが、出版に携わり協力を惜しまなかった人たちの志は非常に遠大なものがあります。今後、更なる充実を図り、皆様に興味深い内容の教材をお届けする所存でございます。そして言語圏ごとの教材も企画しております。

　最後に本書を手にする読者の皆様方に心より感謝申し上げます。

檀紀4350年(西紀2017年)夏

アリラン韓国文化院一同

> "In the future, people from all across the world will come and learn the spoken and written language of our country."

About a century ago in the Eastern Land of Korea, Gahng Jeung-san, known as the incarnation of the Emperor of Heaven, made the above proclamation. He said that a new civilization would emerge on Earth, making the whole world one universal family, and that Korean culture and Korean language would play an important role in this process of global transformation. Today we witness that his vision is coming true across the globe, exactly as he said.

Popularized under the name "Korean Wave," the culture of Korea meets the world through various cultural windows—Korean language, Korean food, Korean fashion, Korean traditional house, Korean TV drama, Korean film, Korean popular song or k-pop, and so on. But among these windows, would not it be appropriate to give top priority to that of Korean language? It is because language is the bridge through which all other parts of culture are linked together. In reality, however, many of those international students who speak Korean are said to have learned Korean only after being attracted and exposed to the culture of Korea. Thus, culture and language can neither be separated nor be ranked according to priority. All we are saying is that many of Korean language centers and their teaching staffs make sincere efforts to bring forth as excellent teaching materials and textbooks as possible so that Korean language may serve as a linguistic bridge across the globe.

Arirang Korean Cultural Institute has now joined this trend of Korean Wave. Towards the goal of fully evincing the true face of Korean culture the world over, the institute has now taken a first step by publishing a book titled "Wonderful Korean: A Companion to Korean Language and Culture" This book is based on the perspective of Korean culture, and this culture-based approach to Korean learning renders this book unique: One of its distinguishing features is that the book's each chapter has a section named <I Wonder>, which consists of select materials that help readers to enter deeper into the essence of Korean culture. Also, this section comes with bilingual support including Japanese and English translations.

Not free from shortcomings of its own though, this is the outcome of the dedication of all those who participated in the creation of the book. We promise that we are going to meet the different needs of our readers with more fulfilling and interesting books in the coming days. In addition, Korean textbooks series for each of world's major languages are scheduled to be published including this volume as a first one.

Finally, we wish to express our sincere gratitude to all those who have chosen this book—a companion for the culture-based learning of Korean language.

All staff members
Arirang Korean Cultural Institute
The 4350th year of Dangun;
Summer 2017

단원 구성(학습 단계)

　본 교재는 다음과 같이 구성되었다. '도입', '본문 대화', '어휘와 표현', '함께 해 보기', '알쏭달쏭 궁금해요', '스스로 학습평가'의 6단계 흐름이다.

1) 도입 · 学習目標と絵 · Introduction: Study Objectives & picture

　도입 부분에서는 학습목표를 제시하며, 주제와 관련된 그림을 보여준다. 학습자들이 그림을 보며 자유롭게 생각해 볼 수 있는 시간이다.

2) 본문 대화 · 会話 · Unit Dialogue

　매 단원의 주제 내용을 대화로 엮었으며, 배워야 할 표현이 포함되어 있다.

3) 어휘와 표현 · 語彙と表現 · Words & Expressions

　어휘를 한국어, 일본어, 영어로 정리하여 제시하였으며, 대화에서 나온 표현을 보여준다.

4) 함께 해 보기 · やってみよう · Let's Together

　단원에서 제시된 표현을 읽히는 단계이다.
　또한 문형 연습을 통해 말하기와 쓰기 활동이 가능하도록 하였다.
　단원에서 제시된 한국문화를 체험해 볼 수 있도록 하였다.

5) 알쏭달쏭 궁금해요 · なんだろう、知りたいな！· I Wonder

　주제가 된 한국문화에 대해 더 궁금한 점을 읽기로 제시하였다.
　한국어를 기준으로 일본어와 영어로도 읽을 수 있도록 번역문을 실었다.
　학습자가 자신의 문화와 비교하면서 이야기 나눌 수 있는 부분이다.

6) 스스로 학습평가 · 自ら学習評価 · Self-Evaluation

　배운 내용을 질문을 통해 스스로 학습정도를 확인할 수 있다.
　또한 쓰기를 마친 후 발표를 통해 말하기와 듣기 향상에도 도움을 준다.

내용 구성

과	제목	학습내용	알쏭달쏭 궁금해요
1	한국어를 배워요	한국과 한글 자기소개	한글의 비밀
2	젓가락으로 먹어요	한국 음식 식사예절	숟가락 젓가락 문화 (음양)
3	세배는 어떻게 드려요?	한국 명절	24절기
4	이것은 색동저고리라고 불러요	한국인의 옷	오행과 오색
5	한옥에서 살고 싶어요	한국의 집	온돌 문화
6	생일이 언제예요?	달력, 나이, 띠	열두 띠 이야기
7	천 원짜리를 백 원짜리로 좀 바꿔 주시겠어요?	화폐 종류	화폐 속 역사 인물
8	민국이는 책벌레예요	한국의 교육	서당 및 옛 교육기관
9	지하철이 버스보다 빠를 거예요	대중교통	말과 마패 이야기
10	한국 영화를 본 적이 있어요?	한류스타	한류
11	태권도는 마음수양에도 좋아요	한국의 스포츠	수행 문화
12	한번 따라해 보세요	전통 놀이	윷놀이
13	아리랑 노래를 가르쳐 주시겠어요?	전통 소리, 국악 트로트	아리랑의 뜻
14	한국의 역사를 제대로 알리면 어떻게 해야 하나요?	박물관과 역사서	『환단고기』
15	강화도 마리산에 가는 건 어때요?	문화유적지	마흔일곱 분의 단군이 다스린 나라

제1과

한국어를 배워요

학습목표 한국에 대해 알아본다.
자기소개를 할 수 있다.

본문 대화 · 会話 · Unit Dialogue

가 : 안녕하세요. 김 고은이에요.
　　저는 한국어를 가르쳐요.

나 : 안녕하세요. 저는 존 캐빈이에요.
　　저는 한국어를 배워요.

가 : 한국의 국기, 국화를 알아요?

나 : 네. 한국의 국기는 태극기예요.
　　그리고 한국의 국화는 무궁화예요.
　　저는 한글이 좋아요.

어휘와 표현 · 語彙と表現 · Words & Expressions

한글	にほんご	English
나/저	わたし; わたくし; ぼく	I
우리	わたしたち	We
너	お前(まえ)	You
당신	あなた	You
가르치다	教(おし)える	teach; instruct; give lessons
배우다	習(なら)う 学(まな)ぶ	learn
말하다	言(い)う	speak; tell; say
공부하다	勉強(べんきょう)する	study
이야기하다	話(はな)す	talk
국기	国旗(こっき)	national flag
태극기	太極旗(たいきょくき)	the national flag of Korea
국화(나라꽃)	国花(こっか)	national flower
무궁화	ムクゲの花	Mugunghwa; hibiscus
한글	ハングル	Hangeul; the Korean alphabet
한국 사람	韓国人(かんこくじん)	Korean
일본 사람	日本人(にほんじん)	Japanese
중국 사람	中国人(ちゅうごくじん)	Chinese

한글	にほんご	English
미국 사람	アメリカ人	American
선생님	先生(せんせい)	teacher
학생	学生(がくせい)	student
회사원	会社員(かいしゃいん)	company employee; office worker
그리고	そして; それから	and;(and) then
소개하다	紹介(しょうかい)する	introduce; present
자신	自信(じしん)	oneself
나라	国(くに)	country; nation; state
어느	どの	which

1) 저는 한국 사람이에요.

2) 당신은 어느 나라 사람이에요?

3) 저는 한국어를 공부해요.

4) 저는 그림을 그려요. 당신은 무엇을 해요?

함께 해 보기 · やってみよう · Let's Together

1) 보기처럼 문장을 만드세요.

> 보기 : 나는 한국 사람이에요. 나는 선생님이에요.
>
> 나는 한국 사람이고 선생님이에요.

① 저는 인도 사람이에요. 저는 의사예요.

② 저는 캐나다 사람이에요. 저는 회사원이에요.

③ 우리는 프랑스 사람들이에요. 우리는 유학생들이에요.

④ 당신은 일본 사람이에요? 당신은 작가예요?

⑤ 저는 ...

2) 친구들과 자기소개를 해 봅시다. 그리고 자기 나라 소개도 해 봅시다.

3) 그림을 보고 이야기해 봅시다.

한국은 어디에 있을까요? 한국에는 어떤 도시들이 있을까요?

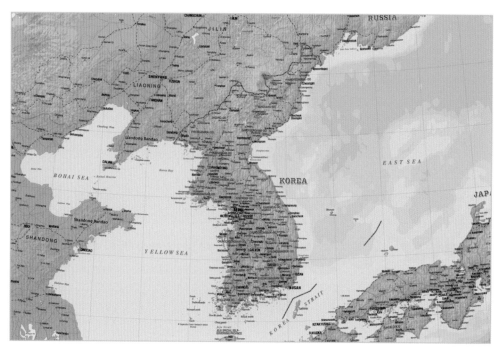

☯ 한글의 비밀

'한글'이 한국의 문자라는 것은 한국어를 공부하는 사람이라면 이미 잘 알고 있다고 해도 과언이 아닐 거예요.

그런데 왜 한글에 담긴 이야기를 하려 할까요?

한글창제에는 아직까지 잘 알려지지 않은 비밀이 숨어 있기 때문이에요.

한글은 세종대왕이 1443년에 만들어 1446년에 반포하였어요. 세종대왕은 조선시대(1392~1897) 네 번째 왕입니다. 이렇듯 한글은 만든 사람과 세상에 알려진 날짜를 명확히 가진 세계 유일의 문자라고 해요.

'큰 글자, 바른 글자'라는 뜻을 가진 '한글', 처음부터 이렇게 불린 것은 아니랍니다.

처음 세종대왕이 만들었을 때는 '훈민정음' 또는 '언문'이라고 불렀어요. 훈민정음은 '백성을 가르치는 바른 소리'라는 뜻이에요.

그런데 한글 28자는 고대문자인 정음38자에서 (그 모양들을) 찾아볼 수 있다는 사실 아세요? 정음38자는 고대에 47분의 단군이 다스리던 조선시대(BCE 2333~BCE 232)[1]의 문자입니다.

이암 선생이 지은 『단군세기』에 의하면, 3세 가륵단군이 삼랑 을보륵에게 명하여 만들게 하였는데, 정음 38자의 별칭이 '가림토'입니다. 세종대왕은 훈민정음을 '내가 창작한 것이 아니라, 옛 글자를 모방하여 만들었다'고 하였는데, 그 근거를 '가림토'문자에서 찾아 볼 수 있어요.

앞으로 역사기록을 통해 한글 속에 숨겨진 비밀이자 보석인 '한글의 원형'이 세상에 드러나길 손꼽아 기다립니다.

---

1) 두 개의 조선 : 한국의 역사 속에서 '조선'이라는 국호는 두 번 찾아볼 수 있다. 그 첫 번째가 바로 고대에 마흔일곱 분의 단군이 다스린 나라 조선(BCE 2333~BCE 232)이며, 세종대왕이 살았고 한양이 수도였던 조선(1392~1897)이 그 두 번째이다. 첫 번째 조선을 국정 교과서에는 고조선이라 부른다. 단군이 다스린 나라라고 하여 단군조선 혹은 고대에 있었던 조선이라 하여 혹자는 고대 조선이라고 부르기도 한다. 그러나 첫 번째 '조선'이라는 나라 이름이 역사 기록상 명확하기에, 후대에 나라 이름을 쓸 때 깊이 생각해 보았어야 했다.

가림토 38자와 훈민정음 28자를 비교해 보세요.

"『환단고기』에 나오는 가림토 문자는, 이미 4천년 전에 만들어졌다고 기록되어 있는데, 한글과 꼭 닮았다. 그뿐만 아니라 이 문자 이전에 태고의 문자인 녹도문자도 있었다고 한다. 이런 내용에 따르면 우리 민족은 문자를 만든 세계 최초의 민족이 된다." (KBS역사스페셜, 『추적 환단고기 열풍』, 1999년 10월 2일 방송)

가림토문 38자(위)가 훈민정음 28자(아래)의 모양을 비교해보면, 가림토문이 훈민정음의 원형이 되었다는 것을 쉽게 짐작할 수 있다.

☯ ハングルの秘密

「ハングル」が韓国の文字であることは、韓国語を勉強している人ならもちろん、ご存知ですよね？ それでは、なぜ、ここでハングルにまつわるエピソードをご紹介するのでしょうか。

それはハングルの誕生に関する、まだよく知られていない秘密があるからです。

ハングルは世宗大王が1443年に創り、1446年に頒布しました。世宗大王は李氏朝鮮時代(1392~1897)の四代目の王です。このようにハングルは創った人と世に広まった日がはっきりと分かっている世界でただ一つの文字なんです。

「大なる文字、正しい文字」という意味であるハングルは最初からハングルと呼ばれたわけではありません。世宗大王によって創られた頃は「訓民正音」または「諺文」と呼ばれました。「訓民正音」とは「民を訓(おし)える正しい音」という意味です。

ところで、皆さんはハングル28文字が、韓国の古代文字である「正音」38文字から来ていることをご存知ですか？正音38文字とは古代に47代の檀君が治めた檀君朝鮮時代(BCE2333~BCE232)[1]の文字です。

李嵒先生の著した『檀君世紀』によると、第三代嘉勒檀君が三郎乙普勒に命じて創らせ、この正音38文字の別称が「加臨土」です。世宗大王は訓民正音について「自分が創作したのではなく、昔の文字を模倣したものである」と言いましたが、その根拠を加臨土文字から見つけることができます。

これから歴史の記録を通じて、ハングルに秘められた謎であり宝でもある「ハングルの原形」が世に知られることを楽しみにしています。

---

1) 二つの朝鮮：韓国の歴史において、「朝鮮」という国号が二度登場する。一つ目は古代、47代の檀君が治めた国、朝鮮(BCE2333~BCE232)であり、二つ目は世宗大王らが治め漢陽(今のソウル)が首都だった朝鮮(1392~1897)である。一つ目の朝鮮を国定教科書では「古朝鮮」という。檀君が治めた国という点から檀君朝鮮、古代に存在したので古代朝鮮とも呼ばれる。

加臨土38文字と訓民正音28文字を比べてみてください

加臨土文字：『桓檀古記』に書かれている加臨土文字は4千年前にすでに作られたと記録されているが、その姿はハングルに非常に似通っている。それだけではなく、この文字の前に太古の文字である鹿図文字というのもあったようだ。これらの資料によると、韓民族は文字を作った世界初の民族になる。(KBS歴史スペシャル、「追跡 桓檀古記熱風, 1999年 10月 2日放送)

加臨土38文字(上)と訓民正音28文字(下)の比較を通して、加臨土文字が訓民正音の原形であることが推測できる。

☯ The Secret of Hangeul, the Korean alphabet

Everyone learning Korean should already know that the Korean alphabet, is called 'Hangeul'.

Then why am I bringing up the secret behind Hangeul despite the fact that you should already be well acquainted with it?

Because behind the invention of Hanguel lies a secret, not well known yet.

Hangeul was created by King Sejong in 1443 and was promulgated in 1446. King Sejong(1392~1897) was the fourth King of the Joseon Dynasty. Thus, Hangeul is the only script in the world that has an accurate record of its creator and its promulgation date.

The name 'Han-geul' means big and upright letter, but this wasn't its original name.

It was originally called 'Hun-min-jeong-um' or 'Un-mun' when it was first invented by King Sejong. Hun-min-jeong-um means the correct sounds for teaching subjects.

Did you know that the shape of the 28 letters of Hangeul can be found in the 38 letters of Jeong-um, the ancient script, used during the Choseon Dynasty (BCE 2333~BCE 232),[1] ruled by 47 Danguns.

Another name for it is Ga-rim-to. According to the *Dangun Segi,* authored by Yi Am, the third Dangun, Ga-ruk, ordered Samnang Ul Bo-ruk to create the script. King Sejong said, "I did not create the Hun-min-jeong-um myself. I modeled it based on old scripts." The basis of his script can be found in the Ga-rim-to script.

We look forward to analyzing historical records and reveal to the world the gem of the 'archetype of Hangeul': the secrets that lie within Hangeul.

---

1) the two Joseons: We can find the name 'Joseon' twice in Korean history. The first was the Joseon (BCE 2333~BCE 232) which was governed by 47 Danguns in ancient times. The one (1392~1897), where King Sejong lived and whose capital was called Hanyang, was the second. The first Joseon is also called Gojoseon in government textbooks. As it was ruled by Danguns, it is called Dangun Choseon as well, while others call it Ancient Joseon, given the era it took place in. But strictly speaking, as the ancient nation's name was also clearly 'Joseon', one should be careful when using it to refer to the later Joseon.

Let's compare the 38 letters of Ga-rim-to to the 28 letters of Hun-min-jeong-um.

Ga-rim-to letters : the *Hwan-dan-go-gi* says Ga-rim-to, which looks quite similar to Hangeul, was created more than 4000 years ago. It further claims that long before Ga-rim-to, the Nok-do script has been used since time immemorial. According to this document, Korean people might have been the first to invent the written letter. (KBS *History Special*, "Trace, Hwan-dan-go-gi fever" aired on October 2nd, 1999)

Comparing the shape of the 38 letters of Ga-rim-to(above) to the 28 letters of Hun-min-jeong-um(below), it is not difficult to see that it (Hun-min-jeong-um) is the archetype of Hangeul.

스스로 학습평가 · 自ら学習評価 · Self-Evaluation

◎한국의 국기는 무엇이에요?

◎한국의 나라꽃은 무엇이에요?

◎한국의 문자를 무엇이라고 해요?

◎훈민정음은 어떤 문자에서 왔나요?

◎자신의 나라에 대해 써 보세요.

제2과
젓가락으로 먹어요

걷

학습목표 한국의 음식 문화를 알아본다.
좋아하는 음식을 묻고 답할 수 있다.

본문 대화 · 会話 · Unit Dialogue

가 : 마이클 씨는 한국 음식 뭐 좋아해요?

나 : 저는 비빔밥을 무척 좋아해요.

가 : 아 그래요? 오늘 메뉴가 비빔밥이에요.

나 : 맛있겠어요.
　　고은 씨, 한국인은 숟가락과 젓가락을 사용하지요?

가 : 네, 보통 밥과 국은 숟가락으로, 반찬은 젓가락으로 먹어요.

어휘와 표현 · 語彙と表現 · Words & Expressions

한글	にほんご	English
음식	食(た)べ物(もの)	food
밥[쌀밥]	ご飯(はん); 飯(めし)	steamed rice
국	汁(しる); スープ	soup
반찬	おかず; お菜(さい)	side dish
좋아하다	好(す)きだ	like; love; care for
싫어하다	嫌(きら)いだ	hate; dislike
숟가락	匙(さじ); スプーン	spoon
젓가락	箸(はし)	chopsticks
맛있다	おいしい; うまい	delicious; tasty
먹다	食(た)べる	eat; have
메뉴	メニュー	menu
뭐	何(なに); なん	what
-로/-으로	…で	by; with
무척	とても; たいへん	very; really; extremely
보통	普通(ふつう); たいてい; 一般的(いっぱんてき)に	usually; generally; normally
가장	もっとも; いちばん; 何(なに)よりも	most; best
만들다	作(つく)る	make

한글	にほんご	English
그리다	えがく	draw; paint
연필	鉛筆(えんぴつ)	pencil
붓	筆(ふで)	writing[paint] brush
손	手(て)	hand
볼펜	ボールペン	ballpoint pen
쓰다	書(か)く	write
지하철	地下鉄(ちかてつ)	subway; the tube; the underground
비행기	飛行機(ひこうき)	plane; aircraft
걷다	歩(ある)く	walk

1) 무슨 음식을 가장 좋아해요?

2) 손으로 만들다.
   붓으로 그리다.
   연필로 / 볼펜으로 쓰다

3) 어떻게 가요?
   차로 / 버스로 / 지하철로 / 비행기로 가요

함께 해 보기 · やってみよう · Let's Together

1) 그림을 보고 답하세요.

○ 한국 음식 뭐 좋아해요?

떡국　　　　된장찌개　　　　김치찌개

비빔밥　　　　잡채　　　　불고기

삼계탕　　　　냉면　　　　갈비찜

칼국수　　　　닭갈비　　　　해물파전

2) 한국의 밥상입니다. 무엇이 있어요?

3첩 반상

기본적인 밥, 국, 김치, 장 외에 세 가지 반찬을 갖춘 상차림이다.

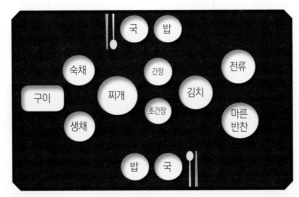

5첩 반상

밥, 국, 김치, 장, 찌개 외에 다섯 가지 반찬을 갖춘 상차림이다.

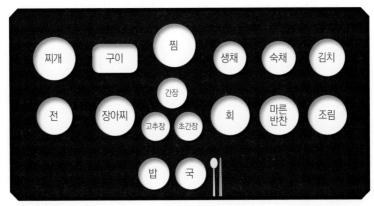

7첩 반상

밥, 국, 김치, 장, 찌개, 찜, 전골 외에 일곱 가지 반찬을 갖춘 상차림이다.

☯ 숟가락 젓가락 문화

이 세상에는 수많은 사람들이 살고 있어요. 그중에 포크와 나이프를 사용하는 사람은 30%, 숟가락과 젓가락을 사용하는 사람도 30%, 나머지는 손으로 음식을 먹는다고 합니다. 특히 동양 삼국이라고 부르는 한국 일본 중국은 비슷하면서도 조금씩 다른 '숟가락 젓가락'이 있습니다.

숟가락 젓가락 모양을 잠시 볼까요?

숟가락과 젓가락은 동양의 음양 사상을 담고 있습니다.

음양이란 무엇일까요?

'음양陰陽'은 동양문화의 상징어였으나 이제 더 이상 동양문화라고 여기지 않습니다.

왜냐하면, 만물은 음양으로 이루어져 있기 때문이지요. 이 세상을 이해하는 가장 기본적인 원리가 음양입니다.

역易에서는 음양을 표시할 때 하나로 이어진 효(—)는 양을, 둘로 나눠진 효(--)는 음을 나타냈습니다. 삼라만상에서 볼 수 있는 음양을 볼까요?

음	땅	달	여자	서양	육체	물질	2·4·6·8·10
양	하늘	해	남자	동양	영혼	정신	1·3·5·7·9

그런데, 이 음양은 단순히 서로 반대되는 개념이 아니라 상호 보완적이고 대칭성을 가지고 있어서 흔히 이런 모습으로 상징됩니다.

그럼, 다시 숟가락과 젓가락을 볼까요? 숟가락은 하나로 되어 있고 젓가락은 둘로 이루어져 있어요. 숟가락이 양, 젓가락이 음을 상징하지요. 그런데 젓가락만 보면 전체가 하나이면서 나누면 둘이죠. 젓가락은 한 짝만 가지고는 제대로 사용할 수 없고 둘을 함께 쓰게 만든 선조들의 지혜가 담긴 음양체 중의 하나인 것이죠.

☯ スプーンと箸の文化

世界にはたくさんの人が住んでいます。そのうちフォークとナイフを使う人が30%、スプーンと箸を使う人が30%で、残りは手で食事をするそうです。特に東洋の三国と呼ばれている韓国・日本・中国はよく似ていながらも、少し形が違う「スプーンと箸」を使っています。

スプーンと箸の形について少し考えてみましょうか？

スプーンと箸は東洋の陰陽の思想を内包しています。

陰陽とは何でしょうか?

「陰陽」は東洋文化の象徴だったのですが、もはや東洋だけの文化とは言えません。

なぜなら、万物は陰陽でできているからです。この世を理解する一番基本的な原理が陰陽です。

易では陰陽を表記するとき、一つにつながった爻(—)で陽を、二つに分かれた爻(--)で陰を表しました。森羅万象における陰陽を見てみましょうか。

| 陰 | 地 | 月 | 女 | 西洋 | 肉体 | 物質 | 2·4·6·8·10 |
| 陽 | 天 | 日 | 男 | 東洋 | 魂 | 精神 | 1·3·5·7·9 |

この陰陽は単に相対する概念ではなく相互補完的な関係で、対称性を持っているので、よくこのように描かれます。

それでは、スプーンと箸に話を戻しましょう。スプーンは一つでできていて、箸は二つでできています。スプーンが陽、箸が陰を象徴しているのです。ところで、箸を見ると、全体では一つでありながら、分けると二つになります。箸は片方だけでは使えません。二つを一緒に使うようにした祖先の知恵が入っている陰陽体の一つなのです。

☯ The culture of spoons and chopsticks

There are many people in the world. Among them, 30% use forks and knives, another 30% use spoons and chopsticks and the remaining eat food with their hands. In particular, Korea, Japan and China, the 3 nations of East Asia, use spoons and chopsticks which look similar but at the same time are a bit different from each other.

Let's take a brief look at a shape of a spoon and chopsticks.

Spoons and chopsticks embody the Eastern concept of yin and yang.

What are yin and yang?

Though yin and yang were originally unique symbolic words of Eastern culture, as all things in the world are based on the principle of yin and yang, they aren't solely considered as pertaining to Eastern culture anymore.

The most fundamental principle to understand this world is yin and yang.

In *the book of changes*, a linked hyo(—) marks yang and a divided hyo(--) marks yin. Let's take a look at the yin and yang hidden behind all creations in the universe.

yin	earth	moon	woman	West	body	matter	2·4·6·8·10
yang	heaven	sun	man	East	soul	spirit	1·3·5·7·9

Yin and yang do not simply mean the contrary concepts, but rather, have complementary and symmetric properties, so they are usually symbolized as below.

Now let's look at spoons and chopsticks again. A spoon is composed of one and chopsticks are composed of two. A spoon stands for yang and chopsticks stand for yin. Then when looking closely at chopsticks alone, we can see that one pair(yang) consists of two divided sticks(yin). Since one stick would be of no use at all, ancestors made it function with its counterpart to show the wisdom of yin and yang. So the chopsticks are one of examples containing yin and yang.

◎밥과 국은 무엇으로 먹어요?

◎반찬은 (주로) 무엇으로 먹어요?

◎반찬의 종류에는 무엇이 있어요?

◎자신이 좋아하는 음식들을 써 보세요.

◎'음양' 관계에 있는 것을 찾아보세요.

제3과
세배는 어떻게 드려요?

갇

학습목표 한국의 명절을 알아본다.
한국의 전통 인사법을 알 수 있다.

본문 대화 · 会話 · Unit Dialogue

가 : 캐빈 씨, 뭐 하고 있어요?

나 : 책을 읽고 있어요.

가 : 무슨 책이에요?

나 : 한국문화에 대한 책이에요.
   고은 씨, 여기 이 사람들은 뭐 하고 있는 거예요?

가 : 아, 그거요? 부모님께 세배를 드리고 있네요.
   세배는 설날에 하는 한국의 전통 인사예요.

나 : 그래요? 그런데 세배는 어떻게 해요?

가 : 남자와 여자가 달라요. 제가 가르쳐 줄게요.

어휘와 표현 · 語彙と表現 · Words & Expressions

한글	にほんご	English
문화	文化(ぶんか)	culture
부모님	父母(ふぼ); ちちはは; 両親(りょうしん)	one's parents
새해	新年(しんねん)	new year
인사	挨拶(あいさつ)	greeting; salutation; bow
세배	新年(しんねん)のあいさつ	New Year's bow
설날	元旦(がんたん)	Lunar New Year's Day
추석	中秋節(ちゅうしゅうせつ), 陰暦八月十五日の称	Korean Thanksgiving Day
남자	男(おとこ); 男子(だんし)	man; male
여자	女(おんな); 女性(じょせい); 女子(じょし)	woman; female; lady
다르다	違(ちが)う	different; dissimilar
그런데	それで; しかし; ところで	but; by the way; well
어떻게	いかに; どう	how
인사하다	あいさつする	greet; bow
무슨	何(なん)の	what; what kind of
여기	ここ; こち(ら)	here
거기	そこ; そちら	there
저기	あそこ; あちら	(over) there
전통	伝統(でんとう)	tradition
이렇게	こんなに; このように	like this

1. 세배를 하다 : 세배를 드리다.
   인사를 하다 : 인사를 드리다.

2. ~은/는 어떻게 해요?
   이렇게 해요.

3. ~에 대한

함께 해 보기 · やってみよう · Let's Together

1) 보기처럼 문장을 만드세요.

> 보기 : 컴퓨터를 사용하다
> <u>컴퓨터는 어떻게 사용해요?</u>

① 숟가락을 사용하다 _____

② 오이김치를 만들다 _____

③ 해외에 팩스를 보내다 _____

④ 탈춤을 추다 _____

⑤ 한자를 쓰다 _____

2) 보은이와 혜은이가 세배를 드리고 있어요. 함께 해 볼까요?

◉ 세배는 정해진 순서에 따른다.

세배는 아침 차례를 지낸 후 하는 것이 원칙이다. 절을 받는 어른이 앉은 자리를 북쪽으로 해 동서남북을 정한다. 동쪽에 남자 어른이, 서쪽에 여자 어른이 앉으며 절도 남자가 동쪽, 여자가 서쪽에 서서 한다. 가족이 모여 세배를 할 경우 내외가 먼저 절을 한다. 첫째 아들 부부부터 어른 앞에서 부부간 절을 하고 어른에게 세배를 드린다. 부모에게 인사를 다하면 형제·자매간에 평절로 인사를 한 뒤 부모 옆에 앉아 아들, 딸의 세배를 받는다.

◉ 세배할 때 남자는 왼손이 위로, 여자는 오른손이 위로 가게 한다.

남자는 먼저 양손을 포개어 양 팔꿈치와 손이 배 아래 단전 부근에서 수평이 되게 한다. 왼손이 오른손 위로 올라간다. 좋은 일(제사도 좋은 일로 분류됨)에는 왼손이 위로 올라가고, 상喪과 같은 불행한 일에는 오른손이 위로 올라간다. 여자는 남자와 반대로 오른쪽 손등을 왼쪽 손등 위로 해 어깨 높이까지 올려 수평이 되도록 한 뒤 절을 한다.

세배할 때 손의 위치! '남좌여우男左女右'를 기억하세요!

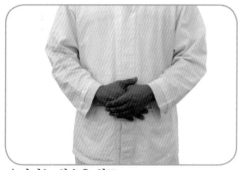 

| 남자는 왼손을 위로 | 여자는 오른손을 위로

알쏭달쏭 궁금해요 · なんだろう、知りたいな！· I Wonder

☯ 24절기

24절기는 태양의 움직임에 따라 1년이 24마디로 나눠진 것으로 세분화된 계절을 나타냅니다. 약 15일마다 한 절기가 있어요. 그리고 태양의 운행에 의한 것이기에 양력에 맞춰져 있지요. 그런데, 엄밀하게 말하면, 우리가 쓰는 역법 자체[태음태양력The lunisolar calendar]는 음력이지만 양력의 성질을 가졌다고 말할 수 있어요. 그렇기 때문에 달력을 보면, 해마다 거의 비슷한 날짜에 24절기가 정해져 있는 것을 볼 수 있어요.

24절기의 명칭과 그에 담긴 뜻을 알아보도록 해요.

절기	날짜	뜻과 내용
입춘立春	2월 4일 또는 5일	◎ 봄의 시작 ◎ 이날에는 대문이나 대들보 등에 '입춘대길'과 같은 좋은 글귀를 써 붙인다.
우수雨水	2월 18일 또는 19일	◎ 봄비가 내리고 겨우내 얼었던 땅이 녹아 물이 흘러 초목이 싹을 띄운다.
경칩驚蟄	3월 5일 또는 6일	◎ 날씨가 따뜻해져 개구리가 겨울잠에서 깨어남 ◎ 보리싹의 성장상태로 보리농사의 풍흉을 점쳤다.
춘분春分	3월 20일 또는 21일	◎ 완연한 봄으로 낮과 밤의 길이가 같다. ◎ 제비가 날아오고 그해 첫 번개가 친다고 한다.
청명淸明	4월 4일 또는 5일	◎ 날씨가 맑고 깨끗하다. ◎ 농가에서는 이날을 기해 봄 일을 시작한다.
곡우穀雨	4월 20일 또는 21일	◎ 농사에 필요한 비가 풍족하게 내린다. ◎ 이 무렵 나무에 물이 가장 많이 오른다.
입하立夏	5월 5일 또는 6일	◎ 여름의 시작 ◎ 벌레도 많아지고 잡초도 많아져 농사일이 바빠진다.
소만小滿	5월 21일 또는 22일	◎ 만물이 점차 자라서 가득 찬다. ◎ 모내기가 시작되고 보리 수확을 시작한다.
망종芒種	6월 5일 또는 6일	◎ 수염이 있는 까끄라기 곡식의 종자를 뿌린다. ◎ 모내기나 보리 수확이 완성되는 시기이다.

절기	날짜	뜻과 내용
하지夏至	6월 21일 또는 22일	◉ 1년 중 낮의 길이가 가장 긴 날 ◉ 하지 이후에 더워지기 시작하여 삼복 시기에 가장 덥다.
소서小暑	7월 7일 또는 8일	◉ 작은 더위 ◉ 소서를 중심으로 본격적인 더위와 장마가 시작된다.
대서大暑	7월 22일 또는 23일	◉ 큰 더위 ◉ 중복 시기와 비슷하며 무더위와 큰 장마가 있다.
입추立秋	8월 7일 또는 8일	◉ 가을의 시작 ◉ 밤에는 서늘한 바람이 불기 시작한다.
처서處暑	8월 23일 또는 24일	◉ 더위가 물러간다. ◉ 처서가 지나면 따가운 햇볕이 누그러져서 풀이 더 자라지 않는다.
백로白露	9월 7일 또는 8일	◉ 이슬이 풀잎에 맺힌다. ◉ 이때는 기러기가 날아오고 제비가 돌아간다.
추분秋分	9월 23일 또는 24일	◉ 춘분과 같이 낮과 밤의 길이가 같다. ◉ 백곡이 풍성하고 가을걷이가 시작된다.
한로寒露	10월 8일 또는 9일	◉ 밤공기가 차가워져 찬 이슬이 내린다. ◉ 오곡백과를 수확하며 한로 전후로 국화가 활짝 핀다.
상강霜降	10월 23일 또는 24일	◉ 서리가 내리기 시작 ◉ 초목이 누렇게 변하고 동면하는 벌레가 모두 땅속으로 들어간다.
입동立冬	11월 7일 또는 8일	◉ 겨울의 시작 ◉ 김장은 입동을 기준으로 한다.
소설小雪	11월 22일 또는 23일	◉ 겨울의 첫눈이 내린다. ◉ 땅이 언다.
대설大雪	12월 7일 또는 8일	◉ 눈이 많이 내린다. ◉ 이날 눈이 많이 오면 다음해 풍년이 든다고 한다.
동지冬至	12월 21일 또는 22일	◉ 1년 중 밤의 길이가 가장 긴 날 ◉ 실제 이날 일양一陽이 시생始生한다. (음기운이 극에 달하고 양기운이 발동하는 날이라고도 말할 수 있다.)
소한小寒	1월 5일 또는 6일	◉ 작은 추위라는 의미이지만 가장 추운 때
대한大寒	1월 20일 또는 21일	◉ 겨울 추위를 매듭짓는다. ◉ 소한의 얼음 대한에 녹는다 라는 속담이 있다.

💮 24節気

二十四節気は太陽の動きに応じて1年を二十四節に分けたもので、季節をより細かく分けたものです。約15日ごとに一つの節気が設けられています。そして、太陽の運行によるため、太陽暦に合わせて設定されています。

二十四節気の名称とそれぞれの持つ意味について考えてみましょう。

節気	日付	意味と内容
立春	2月4日 または5日	・春の初め ・家の門や柱などに「立春大吉」などの縁起の良い言葉を書いて貼る。
雨水	2月18日 または19日	・春雨が降り、冬の間凍っていた地が溶け始め、水が流れて草木が芽生える。
啓蟄	3月5日 または6日	・天気が暖かくなり、カエルが冬眠から覚める ・麦の芽の生育状態をみて麦作の豊凶を占った。
春分	3月20日 または21日	・春がはっきりと感じられ、昼と夜の長さがほぼ同じである。 ・燕が飛んできて、その年最初の雷が鳴るといわれている。
清明	4月4日 または5日	・天気が晴れすがすがしい。 ・農家はこの日をもって農業を始める。
穀雨	4月20日 または21日	・農事に必要な雨が十分に降ってくる。 ・この頃、木に水分がたくさん蓄えられる。
立夏	5月5日 または6日	・夏の初め ・虫も増え雑草も生い茂るため農業が忙しくなる。
小満	5月21日 または22日	・万物が育ち繁る。 ・田植えと麦の収穫が始まる。
芒種	6月5日 または6日	・芒(のぎ)を持った穀物の種を撒く。 ・田植えや麦の収穫が終わる時期。
夏至	6月21日 または22日	・1年のうち昼の時間が最も長い。 ・夏至以降、ますます暑くなり、三伏のごろが最も暑い。
小暑	7月7日 または8日	・小さな暑さ ・小暑を境にして、本格的な暑さと梅雨が始まる。

節気	日付	意味と内容
大暑	7月22日 または23日	•大きな暑さ •中伏の頃で、蒸し暑く多くの雨が降る。
立秋	8月7日 または8日	•秋の初め。 •夜は涼しい風が吹き始める。
処暑	8月23日 または24日	•暑さが退く。 •この時期が過ぎると日差しが和らぎ、草木がの生長が止まる。
白露	9月7日 または8日	•葉に露がたまる。 •雁(がん)が飛来し燕が去る。
秋分	9月23日 または24日	•春分と同じように昼と夜の長さが同じである。 •穀物が豊かに実り収穫が始まる。
寒露	10月8日 または9日	•夜の空気が冷たくなり、冷たい露がおりる。 •五穀と果物を収穫し、寒露前後に菊が満開する。
霜降	10月23日 または24日	•霜が降り始める。 •草木が黄変し、冬眠する虫がすべて土にもぐる。
立冬	11月7日 または8日	•冬の初め。 •キムジャン(1年中食べるキムチを漬けること)はこの日を基準に行われる。
小雪	11月22日 または23日	•初雪が降る。 •地面が凍る。
大雪	12月7日 または8日	•たくさんの雪が多く降る。 •この日に雪がたくさん降れば、次の年に翌年は豊作だといわれている。
冬至	12月21日 または22日	•1年のうち、夜が一番長い日。 •実際にこの日、一陽が始生する。(この日、陰の気運が極限に達し、陽の気運が芽生える。)
小寒	1月5日 または6日	•小さい寒さという名称ながら、実際は最も寒さの厳しい時期である。
大寒	1月20日 または21日	•冬の寒さが終わりかける。 •小寒の氷、大寒に溶けるということわざがある。

☯ The 24 seasonal divisions

Dividing the positions of the sun during a year into 24 segments gives us a system of 24 solar terms, each of which indicates a subdivided season.

Between each pair of solar terms lies roughly 15 days. Because it is a result of the sun's changing phase, each point matches the solar calendar. But in a strict sense, it is possible to say that the lunisolar calendar, currently used in Korea, has properties of the solar calendar though it is actually categorized as a lunar calendar. Therefore when looking at the calendar, we can find the dates of the 24 solar terms set almost alike.

Let's take a look at the each of the 24 solar terms' name, date and meaning.

Solar terms	Date	Meanings and Descriptions
Beginning of Spring	Feb 4th or 5th	•The beginning of spring •On this day, write a good verse like 'Ip-chun-dae-gil' to put on a gate or a girder.
Rain Water	Feb 18th or 19th	•Spring rain falls, the ground frozen throughout the winter thaws and water flows so plants and trees sprout out.
Waking Hibernators	Mar 5th or 6th	•The weather gets warm, and frogs awake from their winter sleep. •The growing state of a barley sprout, sprouts will tell whether it will be a good or bad year for barley.
Vernal Equinox	Mar 20th or 21st	•Spring is in the air and day and night are of equal length. •Swallows come flying in and the first lightning of the year strikes.
Clear and Bright	Apr 4th or 5th	•The weather is clear and clean. •Spring labor starts from this day in the farmhouse.
Grain Rain	Apr 20th or 21st	•Rain needed for agriculture falls down abundantly. •By this time, the largest amount of sap rises in a tree.
Beginning of Summer	May 5th or 6th	•The beginning of summer •Farm works get busier owing to a flourish of bugs and weeds.
Little Ripening	May 21st or 22nd	•All things gradually grow to be plump. •Simultaneously with the beginning of rice planting, barley-harvesting starts.
Ears of Grain	Jun 5th or 6th	•The seeds of grains with bristles are sown. •Planting rice and harvesting barley are completed.
Summer Solstice	Jun 21st or 22nd	•The longest day of the year •After this day, the weather starts getting hotter and reaches its peak during the heat of the dog days.

Solar terms	Date	Meanings and Descriptions
Little Heat	Jul 7th or 8th	•Little heat •The beginning of the hottest period, the rainy season.
Great Heat	Jul 22nd or 23rd	•Great heat •Occuring at a similar time to the second of the three dog days, this period has the highest temperature and the greatest rainfall.
Beginning of Autumn	Aug 7th or 8th	•The beginning of autumn •Cool winds begin to blow at night.
End of Heat	Aug 23rd or 24th	•The summer heat retires. •After this term, the intensity of sunlight subsides and grass stops growing.
White Dew	Sep 7th or 8th	•Dew forms on grass leaves. •Wild geese come flying in while swallows return.
Autumnal Equinox	Sep 23rd or 24th	•Just as with the spring equinox, the length of day and night become equal. •Crops are plentiful and the autumn harvest starts.
Cold Dew	Oct 8th or 9th	•Night air gets cold and cold dew begins to fall. •Grains and fruits are reaped while chrysanthemums bloom around the cold dew.
Frost Descends	Oct 23rd or 24th	•Frost starts to form. •Vegetation turns yellow while hibernating bugs go into the ground.
Beginning of Winter	Nov 7nd or 8rd	•The beginning of winter •This day works as a criterion point to start preparing kimchi for winter.
Little Snow	Nov 22nd or 23rd	•The first snow falls. •The ground freezes.
Great Snow	Dec 7th or 8th	•A lot of snow falls. •A lot of snow these days indicates a good harvest the following year.
Winter Solstice	Dec 21st or 22nd	•The longest night of the year •The yang energy of the following year first starts to form during these days. (It can be also said yin energy has peaked and yang energy begins to grow.)
Little cold	Jan 5th or 6th	•Though its name is 'little cold', this day is the coldest of the year.
Great cold	Jan 20th or 21st	•The end of the coldest days of winter. •There is a saying that the ice of 'Little cold' melts on 'Great cold'.

◎한국의 대표적인 명절은 무엇이에요?

◎설날에 대해 써 보세요.

◎추석에 대해 써 보세요.

◎1년 중 낮의 길이가 가장 긴 날은?

◎1년 중 밤의 길이가 가장 긴 날은?

◎여러분의 나라에는 어떤 명절이 있어요?

제4과
이것은 색동저고리라고 불러요

학습목표 한복의 종류와 명칭을 알아본다.
오색에 담긴 의미를 알 수 있다.

본문 대화 · 会話 · Unit Dialogue

가 : 마타오 씨, 이거 어때요?

나 : 어머, 색깔이 참 예쁘네요. 누구 것이에요?

가 : 제 조카의 설날 옷이에요.

나 : 설날에 아이들이 한복을 입어요?

가 : 네, 저도 한복을 입고 세배를 드렸어요.

나 : 여러 색깔의 이 옷은 뭐예요?

가 : 네, 그것은 색동저고리라고 불러요.

어휘와 표현 · 語彙と表現 · Words & Expressions

한글	にほんご	English
이거(=이것)	これ; こいつ	this (thing)
그거(=그것)	それ	that(thing)
저거(=저것)	あれ	that
색깔	色(いろ); 色彩(しきさい)	color
참	本当(ほんとう)に; 実(じつ)に	very; so
예쁘다	きれいだ; うつくしい	pretty; beautiful
조카	甥(おい)	niece; nephew
입다	着(き)る; はく	wear; put on; get dressed
벗다	脱(ぬ)ぐ; 解(と)く	take off; undress
신다	はく	put on; wear
저고리	チョゴリ; うわぎ	jeogori; upper garment of Korean traditional clothes
치마	スカート; チマ	skirt

한글	にほんご	English
두루마기	トゥルマギ(外套のような韓国特有の着物)	durumagi; traditional Korean overcoat
버선	ポソン(韓国固有の足袋)	beoseon; (traditional) Korean socks
조끼	ベスト	vest
바지	ズボン	pants, trousers
부르다	呼(よ)ぶ	call
여러	いろいろな	many; several; plenty of, a number of
가지	種類(しゅるい); 種(しゅ)	kind (of); sort (of); variety (of)
발음하다	発音(はつおん)する	pronounce

1) 이것은 한국어로 어떻게 말해요?

2) 이것은 뭐라고 해요?
   네, 그것은 버선이라고 해요.

함께 해 보기 · やってみよう · Let's Together

1) 보기처럼 문장을 만드세요.

> 보기 **秋夕**

○ 이것은 한글로 어떻게 읽어요?

네, '추석'이라고 읽어요.

○ 이것은 어떻게 발음해요?

| 맛있다 | 태극기 | 날씨가 맑다 | 달이 밝다 | 발이 넓다 |

2) 한복의 종류와 명칭을 알아볼까요?

구분1	구분2	남	여
평상복		속옷, 저고리, 바지, 조끼, 마고자	속옷, 치마, 저고리, 마고자, 배자, 두루마기
예복	평례복	평상복 + 두루마기	회장저고리
	혼례복	평상복 + 옥색 두루마기, 관복, 각대, 사모, 목화, 포선	* 당의, 족두리(소례복) * 원삼(활옷), 한삼, 화관, 용잠, 도투락댕기(혼례복)
	상례복	바지, 저고리 + 베, 중단, 굴건제복	치마, 저고리, 흰 족두리, 띠, 짚신

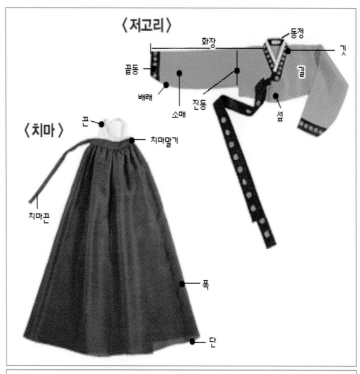

〈저고리〉

화장

동정

깃

끝동

배래

소매

진동

길

섶

〈치마〉

끈

치마말기

치마끈

폭

단

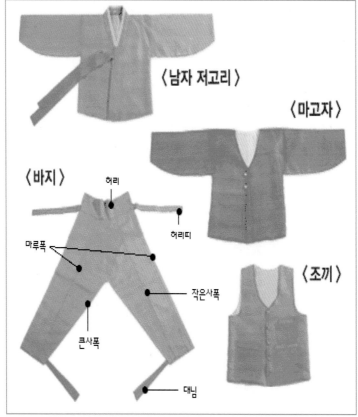

〈남자 저고리〉

〈마고자〉

〈바지〉

허리

허리띠

마루폭

작은사폭

〈조끼〉

큰사폭

대님

☯ 오행과 오색

앞 2단원에서 만물은 음양으로 이루어졌다고 배웠어요. 그런데 자연에는 목, 화, 토, 금, 수의 오행이 있는데, 이것도 음양을 벗어나지 않아요. 음양이 더 섬세하게 나뉜 모습을 오행이라고 말할 수 있어요.

양陽	목木, 화火		
음陰	금金, 수水	⇔	오행五行
	토土		

음양과 오행의 이름을 가만히 보세요. 어디서 많이 본 것 같지 않나요?

네, 맞아요. 우리가 알고 있는 일주일의 명칭이 다름 아닌 이 음양오행이라는 거예요.

일, 월, 화, 수, 목, 금, 토 ~ 신기하죠?

일상생활의 가장 가까운 일주일이 음양오행이라는 사실은 음양오행이 동양문화의 산물만은 아니라는 증거 중의 하나예요.

자, 이 오행에 해당하는 방위, 색, 맛, 감정 등이 있어요. 오늘은 오행과 그 방위에 따른 색을 알아볼게요.

목木	파랑[靑]	동東	
화火	빨강[赤]	남南	
토土	노랑[黃]	중앙中央	⇔ 오색五色
금金	하양[白]	서西	
수水	검정[黑]	북北	

파란색은 봄의 색으로 생명의 탄생을 의미하고, 하얀색은 가을의 색으로 진실과 순수 등을 뜻해요. 여름의 빨간색은 정열과 애정을 나타내며, 겨울의 검은색은 지혜를 의미해요. 노란색은 방위로 중앙에 해당하며 임금이나 천자의 색이라고 해요.

한복에 있어서 혼례 때 여인의 가례복인 녹의홍상은 녹색 저고리와 붉은 치마로 장수와 부귀의 뜻을 가지고 있으며, 신부의 얼굴에 바르는 연지곤지도 시집가는 여인에게 해를 주는 나쁜 기운을 막기 위해 사용되었어요. 또 돌이나 명절에 오색으로 어린아이에게 입히는 색동저고리 역시 오행 사상을 바탕으로, 나쁜 기운을 막고 무병장수를 기원하는 거예요.

☯ 五行と五色

　第2章で、万物は陰陽でできていると勉強しました。ところが、自然には木・火・土・金・水という五行があります。これも実際陰陽から外れることはありません。陰陽をより細かく分けたものが五行だと言えます。

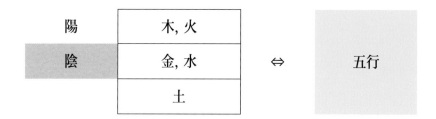

陽	木, 火
陰	金, 水
	土

⇔　五行

　陰陽と五行の名前をよくご覧ください。どこかで見たことはありませんか。そうです。我々が使っている曜日の名前、それこそが陰陽五行なのです。日・月・火・水・木・金・土。不思議でしょう？

　日常生活で最も身近な曜日の名前が陰陽五行に由来するということは、陰陽五行が東洋文化だけで使われたものではないという証拠の一つです。

木	靑	東
火	赤	南
土	黄	中央
金	白	西
水	黒	北

⇔　五色

青は春の色で生命の誕生を意味し、白は秋の色で真実や純粋などを意味します。夏の赤は情熱と愛情を表し、冬の黒は知恵を意味します。黄色は方角でいうと中央に該当し、王や天子の色と言われています。

　ハンボッ(韓服)の種類の中で、婚礼の際に女性が着る礼服である「緑衣紅裳」は緑のチョゴリ(上衣)と赤いチマ(スカート)からなり、長寿と富貴を意味します。新婦の顔に塗るヨンジコンジも結婚する女性に害を及ぼす悪い気運を防ぐためのものでした。また、1歳の誕生日や盆・正月などに子どもに着させる、五色のセットンチョゴリも五行思想が反映されたもので、悪い気運を妨げ、無病長寿を祈願する意味があります。

◉ The Five Elements and five directional colors

Previously, in Unit 2, we learned that everything in the universe consists of yin and yang. In nature, there are five elements: wood, fire, earth, metal, and water, which don't deviate from yin and yang. It is possible to say that the five elements are a delicately divided state of yin and yang.

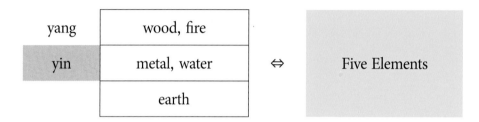

Look closely at the names of yin and yang and five elements. Don't they look familiar? Yes, right. The names of the Korean days of the week, which we are well used to, are nothing but yin and yang and the five elements. Il(the sun, yang), Wol(the moon, yin), Hwa(fire), Su(water), Mok(wood), Guem(metal), To(earth)~. Isn't it amazing?

The fact that the Korean names of the days of the week are one of the closest things in everyday life shows that yin and yang and the five elements are actually not merely the fruit of Eastern culture.

There are also concepts of direction, color, taste, and emotion to which the five elements are applied.

wood	blue	east	
fire	red	south	five direction-al colors
earth	yellow	middle	⇔
metal	white	west	
water	black	north	

Blue is the color of spring and represents the birth of life. White is the color of autumn and means truth and purity, and so on. Red, the color of summer, shows passion and affection. Black, the color of winter, marks wisdom. Yellow is relevant to the center of the five cardinal directions, being called the color of a king or a son of Heaven.

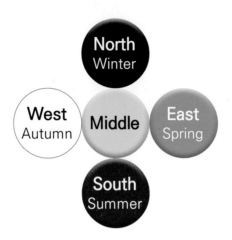

When it comes to a wedding Hanbok, a suit of green jacket and red skirt representing longevity and wealth, called *Nok-ui-hong-sang*, is the bride's garment for family ritual. *Yeon-ji-gon-ji*, red rouge applied on a bride's cheeks and forehead was used to prevent evil energy from doing harm to the woman getting married. Also *Saek-dong-jeo-go-ri*, a jacket with sleeves of five colored stripes worn by little children to stop bad energy and to wish non-disease longevity on traditional holidays or on a first-birthday party, is based on the ideology of the five elements as well.

◎여자 한복은 어떻게 되어 있어요?

◎남자 한복은 어떻게 되어 있어요?

◎오행을 써 보세요.

◎오색을 써 보세요.

◎오색을 볼 수 있는 것들을 찾아보세요.

제5과
한옥에서 살고 싶어요

듣

학습목표 한국의 전통 가옥과 현대식 건물을 알아본다.
온돌 문화에 대해 알 수 있다.

본문 대화 · 会話 · Unit Dialogue

가 : 자, 여기가 전주 한옥마을이에요.

나 : 사람들이 정말 많네요.

다 : 저기 한복을 입은 사람들도 있어요. 사진도 찍네요.

가 : 여기는 한옥 체험을 할 수 있는 곳이에요.
　　오늘은 여기서 숙박을 할 거예요.

나 : 한옥은 여름에는 시원하고 겨울에는 따뜻하다고 들었어요.
　　여기에서 계속 살고 싶어요.

다 : 저도 한옥에서 살고 싶어요.

어휘와 표현 · 語彙と表現 · Words & Expressions

한글	にほんご	English
한옥	ハン屋(おく) (韓国固有の在来式の家屋)	(traditional) Korean-style house
마을	村(むら)	village; town
많다	多(おお)い; たくさんだ	a lot of; lots of; plenty of; many; much
적다	少(すく)ない	few; little; small
(사진을) 찍다	撮(と)る	take a picture
시원하다	涼(すず)しい	cool
따뜻하다	暖(あたた)かい	warm
봄, 여름, 가을, 겨울	春夏秋冬(はるなつあきふゆ、 しゅんかしゅうとう)	spring, summer, fall, winter
사계절	四季(しき)	four seasons
듣다	聞(き)く	hear; listen
정말	本当(ほんとう)に	really
숙박	宿泊(しゅくはく); 泊(と)まり	accommodations
체험	体験(たいけん)	experience
계속	続(つづ)く	continuously; consecutively

1) ~네요

2) ~고 싶다

먹다	밥	밥을 먹고 싶어요.
마시다	커피	커피를 마시고 싶어요.
공부하다	한국어	한국어를 공부하고 싶어요.
이야기하다	지금	지금 이야기하고 싶어요.

3) 지금 뭐 하고 싶어요?

함께 해 보기 · やってみよう · Let's Together

한국의 전통 가옥에는 초가집과 기와집이 있어요.

초가집

기와집

한국 현대식 건물에는 무엇이 있을까요?

◑ 온돌 문화

온돌이란 글자 그대로 '따뜻한 돌'이라는 말입니다. 그런데 이것과 한국의 집이 어떤 관계가 있는 걸까요?

온돌은 한민족의 주거 문화의 특징 중 하나입니다.

온돌은 방바닥을 따뜻하게 해주는 한국의 독특한 난방 방식이에요.

한국의 선조들은 어떻게 이런 난방 장치를 만들었을까요?

먼저, 방바닥에 골(도랑)을 만들고 그 위에 평평한 돌인 구들장을 놓아요. 그런 이후 부엌 아궁이에 불을 때면 뜨거워진 공기가 구들을 달구게 되고 방은 따뜻해져요. 아궁이에서 생긴 연기는 굴뚝으로 빠져나가요.

지금은 시대가 변해서 직접 불을 때서 난방을 하는 경우는 아주 드물어요. (현대)도시에서는 대부분 (석유나 가스)보일러로 물을 데워서 (바닥 아래의 관으로 통과시켜) 방을 따뜻하게 하거나 연탄이나 태양열을 사용하기도 해요. 연료는 바뀌었지만 그 모든 것은 예부터 한국인의 선조들이 사용했던 온돌 문화의 난방 방식이에요. 온돌 문화는 한국인들이 방바닥에 앉아서 생활하는 좌식 문화를 만드는 데 큰 영향을 주었어요.

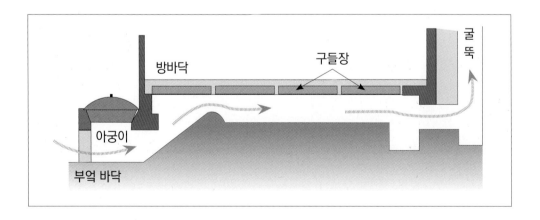

신기하게도 이 온돌 문화는 북아메리카의 원주민 문화에서도 찾아볼 수 있다는 거예요.

고고학적인 발굴을 통해 한국의 조상들과 그들과의 교류가 있었음을 알 수 있다고 해요.

다음 그림에서 볼 수 있듯이 온돌이 알루산 열도에 나왔는데, 기원전 10세기 것으로 판명이 났어요. 미국의 리차드 크넥 교수(알래스카대학의 고고학)도 한국인의 온돌이 왜 여기에서 나오는지를 비교 연구해야 한다고 강력히 주장한답니다. 그리고 멕시코에도 온돌이 있었어요. 멕시코 사람들은 굴뚝을 옆에 만들고 집을 지어서 그림과 같이 불을 넣고 있어요. 그때의 그런 생활 문화를 그림으로 남겨놓았기 때문에 현대를 살아가는 후손들이 그것을 알 수가 있게 된 것이지요.

아막낙섬 온돌   멕시코 온돌

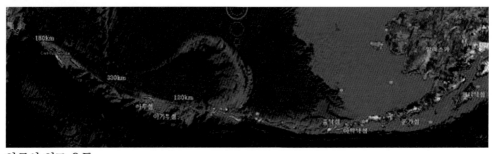

알류산 열도 온돌

출처: 상생방송. STB 역사특강. 〈우리한민족의 대이동〉 손성태 2강. 2011.12

☺ オンドル(温石)文化

　オンドルとは文字通り「暖かい石」という意味です。しかし、これと韓国の家はどのような関係があるでしょうか?

　オンドルは韓民族の住居文化の特徴の一つです。

　オンドルは床を暖かくする韓国独自の暖房システムです。

　韓国人の祖先はどうやってこのようなものを作ったでしょうか?

　まず、床の下に溝を掘り、その上にクドゥルジャンという平たい石を置きます。その後、台所のアグンイ(かまどのたき口)から火を焚くと熱くなった空気がクドゥルを通って石を温め、部屋が温まります。アグンイからできた煙は煙突から外に抜けます。

　今は時代が変わり、直接火を起こして暖房をするケースは非常にまれになりました。現代の都市ではほとんどが灯油やガスボイラーで水を温め、床の下にひいているパイプにそのお湯を流して部屋を暖めます。練炭や太陽熱を使用する場合もあります。燃料は変わりましたが、そのすべては昔から韓国人の祖先が使っていたオンドル形式の暖房システムです。オンドル文化は韓国人が床に座って生活する「座敷文化」の形成に大きな影響を与えました。

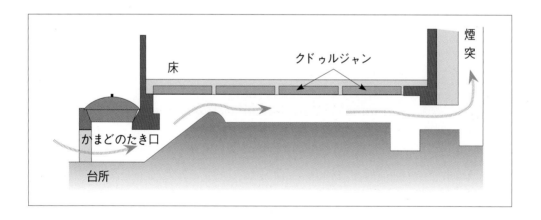

　不思議なことに、このオンドル文化は北米の先住民の文化にも見られます。考古学的発掘を通じて、韓国の先祖と彼らの間に交流があったということが

確認できると言われています。

　下の図の通り、オンドルはアリューシャン列島からも発見され、紀元前10世紀のものと判明されました。アメリカのリチャード・クネック教授(Richard Knecht、アラスカ大学考古学科)も、韓国のオンドルがなぜここから発掘されたのか比較研究をすべきだと強く主張しています。そしてオンドルはメキシコからも発見されました。メキシコの人々は煙突を作ってその隣に家を建て、下の図のように火を入れました。このような生活文化を絵に残してくれたおかげで、現代に生きる子孫がそれを知ることができたのです。

アマクナク島のオンドル　　　　　　　　メキシコのオンドル

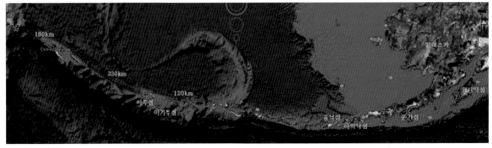

アリュシャン列島のオンドル

(出典：相生放送、STB歴史特講<韓民族の大移動>、ソン・ソンテ、第2講、2011.12)

◕ The on-dol culture

The literal meaning of 'on-dol' is 'a warm stone'. How does this relate to the Korean house?

The on-dol is one of the characteristics of the Korean people's housing culture. It is a heating method, unique to Korea, to keep the floor of the room warm. How did the Korean ancestors invent such a heating apparatus?

First, dig ditches on the floor of a room and put flat stones (*gu-deul-jang*) on top of them. Then light a fire at the furnace (*a-gung-i*) in the kitchen;; heated air subsequently heats up the hypocaust (*gu-deul*) warming up the room. Smoke from the furnace would escape through a chimney.

With times changing, fire is very rarely used directly for heating. In (modern) cities, usually either solar heat, coal or water heated by an oil or gas boiler flowing through tubes underneath the floor are used to heat up rooms. Although fuels have changed, everything used nowadays are based on the very on-dol method that had been used by Korean ancestors from old times. The on-dol culture influenced a lot in the sedentary lifestyle in which Koreans live sitting on floors.

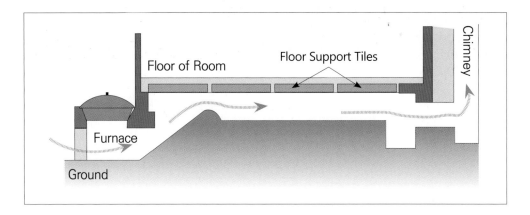

Amazingly, this on-dol culture can also be found in the native North American cultures. Archaeological excavations show that Korean ancestors had exchanges with them.

As seen in the picture below, an on-dol was unearthed in the Aleutian islands, which turned out to be from the 10th century BCE. Archaeologist Richard Knecht of the University of Alaska strongly stresses the necessity of a comparative study on accounts of on-dol excavated there. We can find on-dol in Mexico as well. People in Mexico built chimneys by their houses and would light fires as below.

Leaving paintings of such an important part of daily life behind, descendants living today can recognize it.

Remains of ondol structures discovered at an excavation site in Amaknak Island, Alaska

A picture depicting the ondol system in ancient Mexico

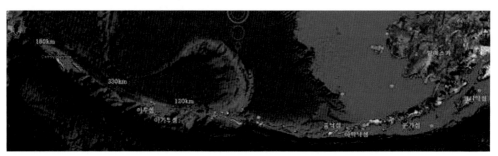
A map of Aleutian Islands indicating a wide range of the ondol culture that once existed there

(source: Sangsaeng Television Broadcasting, *STB Special lecture of History*, <the second lecture of 'En-masse migration of the Korean people'> Seung-tae, Sohn December, 2011)

스스로 학습평가 · 自ら学習評価 · Self-Evaluation

◎한국의 전통 가옥을 무엇이라 불러요?

◎초가집은 어떤 집이에요?

◎기와집은 어떤 집이에요?

◎온돌은 무엇이에요?

◎여러분은 어떤 집에서 살고 싶어요?

제6과
생일이 언제예요?

학습목표 달력을 보고 날짜와 요일을 말할 수 있다.
음력과 양력을 알 수 있다.

본문 대화 · 会話 · Unit Dialogue

가 : 캐빈 씨 오늘 무슨 날인지 알아요?

나 : 오늘은 6월 9일이잖아요? 특별한 날이에요?

가 : 양력으로는 6월 9일이고 음력으로는 5월 5일, 단오예요.

나 : 한국은 양력과 음력을 같이 사용해서 헷갈려요.

가 : 그렇게 생각할 수도 있겠어요.
　　 여기 달력에 작은 숫자가 음력이에요.
　　 참, 오늘 마타오 씨의 생일 파티가 있어요. 같이 가요.

나 : 네. 생일 선물을 사야겠어요. 그런데 한빛 씨 생일이 언제예요?

가 : 음력으로 5월 7일이에요. 사실 모레가 제 생일이에요.

나 : 얼마 안 남았네요. 받고 싶은 선물 있어요? 뭐든지 말하세요.

가 : 정말요?

어휘와 표현 · 語彙と表現 · Words & Expressions

한글	にほんご	English
특별한	特別(とくべつ)な	special; particular
양력	陽暦(ようれき)	solar calendar
음력	陰暦(いんれき)	lunar calendar
달력	カレンダー	calendar
헷갈리다	まぎれる	be confused
숫자	数字(すうじ)	number
생일 파티	誕生(たんじょう)パーティー	birthday party
선물	贈(おく)り物(もの); プレゼント	present; gift
요일	曜日(ようび)	day
생각하다	思(おも)う; 考(かんが)える	think; consider
몇	いくつ	some, several, a few
며칠	何日(なんにち)	a few days; several days / what date
언제	いつ	when
어디서	どこ; どこで	Where
어제	昨日(さくじつ)	yesterday
오늘	今日(きょう)	today

한글	にほんご	English
내일	明日(あす、あした)	tomorrow
모레	明後日(あさって)	the day after tomorrow
그저께	一昨日(いっさくじつ)	the day before yesterday
지난/이번/다음	先(せん)/今度(こんど) / 次(つぎ)	last/this time/next
주	週(しゅう)	week
날짜	日(ひ)	date

1	2	3	4	5	6	7	8	9	10	11	12
일월	이월	삼월	사월	오월	유월	칠월	팔월	구월	시월	십일월	십이월

1) 생일이 몇 월 며칠이에요?

2) 생신은 언제예요?

3) 오늘은 무슨 요일이에요?

함께 해 보기 · やってみよう · Let's Together

1) 달력을 보고 말해 봅시다.

〈3 March〉 2017

일日	월月	화火	수水	목木	금金	토土	
			1	2	3	4	
5	6	7	8	9	10	11	지난주
12	13 그저께	14 어제	15 오늘	16 내일	17 모레	18	이번 주
19	20	21	22	23	24	25	다음 주
26	27	28	29	30	31		

2) 생년월일

1	10	100	1000	10000
일	십	백	천	만

1996년 12월 5일이에요.

1996년 12월 5일에 태어났어요.

알쏭달쏭 궁금해요 · なんだろう、知りたいな！· I Wonder

☯ 열두 띠 이야기

한국 사람들이 가끔 '○○씨는 띠가 뭐예요?'라고 질문하는 것을 들어본 적이 있나요?

태어난 해에 따라 열두 동물이 배치되어 있는 것을 말해요.

이것은 동양에서 말하는 10천간 12지지에서 나온 것이죠.

열두 동물이라고 했으니까 12지지와 직접 연관이 되어 있어요. 열두 동물의 순서에 대해서는 여러 가지 이야기가 있지만, 이 시간에는 12지지의 이름과 그에 해당하는 동물에 대해서만 알아볼게요.

자子	축丑	인寅	묘卯	진辰	사巳	오午	미未	신申	유酉	술戌	해亥
쥐	소	호랑이	토끼	용	뱀	말	양	원숭이	닭	개	돼지

여러분이 태어난 해의 띠는 여러분의 성격 특징을 보여줍니다.

태어난 해와 각각의 동물들이 가진 성격은 어떻게 될지 살펴봅시다.

(국립민속박물관 홈페이지 참조)

쥐	쥐띠 해는 풍요와 희망과 기회의 해이다. 쥐는 위험을 미리 감지하고 부지런하므로 어려운 여건에서도 살아남는다. 재물, 다산, 풍요를 상징한다. 쥐띠 해에 태어나는 사람은 식복과 함께 좋은 운명을 타고난다고 한다.
소	소띠 해는 여유와 평화의 해이다. 소는 성질이 유순하고 참을성이 많아서, 씨앗이 봄에 땅 속에서 싹터 땅 위로 돋기를 기다리는 모습이라 한다. 소띠 해에 태어난 사람은 어려움을 잘 견디어 목표를 이룬다고 한다.

호랑이 [범]	호랑이는 용맹하고 강인하다. 호랑이띠는 대체로 일찍 성숙하여 만인을 통솔할 수 있는 재능을 타고난다. 출세가 빠르고 위엄도 있어서 존경의 대상이 되고 책임도 무겁다. 원기가 왕성하고 실천력이 있으나 때로 참을성 없이 행동하기도 한다.
토끼	토끼는 장수의 상징(an emblem of longevity)이며, 달의 정령(the vital essence of the Moon)이다. 토끼는 새해를 맞이하기 이전까지 자신이 만든 행로로 다니는 습성이 있다. 가장 빠르고 안전한 길을 자신의 안식처와 연결해 놓을 줄 안다. 토끼띠 생은 두뇌가 치밀하고 명석하며, 학자나 교직자로 성공하는 사람이 많다.
용	용은 다른 동물이 가진 무기를 모두 갖추어 무궁무진한 조화와 최고의 권위를 가진다. 용은 인간 생활과 의식구조 전반에 자리 잡고 민속과 민간신앙, 설화, 사상, 미술품, 각종 지명에 이르기까지 다양하게 나타난다. 용의 해에 태어난 사람은 건강하고 정력적이며, 정직하고 용감하고 감수성이 뛰어나며, 신뢰가 두텁다. 한편으로 고집이 세고, 좋고 싫음이 분명하다고 한다.
뱀	뱀은 다산을 상징하고 풍요와 재물, 복을 주는 신으로 여겨졌다. 뱀은 생명 탄생과 치유의 힘, 지혜와 예언의 능력, 끈질긴 생명력과 짝사랑의 화신이라는 의미로 해석되기도 한다. 뱀띠 생은 성품이 차분하고 학문에 뜻을 두면 목적한 바를 이루는 지혜가 있다.
말	말은 박력과 생동의 이미지(image)가 있다. 말은 넘치는 생동감, 뛰어난 순발력, 탄력 있는 근육, 미끈하고 탄탄한 체형, 기름진 모발, 각질의 말굽과 거친 숨소리로 강인한 인상을 준다. 말띠 생은 강한 추진력을 발휘한다. 성급함을 잘 다스리면 목표를 순조롭게 달성할 것이다.

양	양은 성격이 순박하고 부드러우며 평화를 상징한다. 이 해에는 '며느리가 딸을 낳아도 구박하지 않는다'는 말이 있다. 양띠 생은 성격이 순박하고 온화하여 잘 싸우지 않으나, 일단 성이 나면 참지 못하는 다혈질多血質이기도 하다. 가던 길로 되돌아오는 습성도 있다.
원숭이	원숭이는 가장 영리하고 재주 있는 동물로 꼽힌다. 움직이기를 좋아해서 사교적이고 모방하는 재주가 뛰어나다. 성격이 밝고 항상 긍정적, 적극적으로 살아가려 한다. 원숭이띠 해에 태어난 사람은 대중이나 조직을 이끄는 재능을 펼칠 수 있다. 주의가 산만하고 지속성이 모자라는 흠이 있기도 하다.
닭	닭은 흔히 다섯 가지 덕德을 지녔다고 한다. 닭의 벼슬은 문文을, 발톱은 무武를 나타내고, 적을 앞두고 용감히 싸우는 것은 용勇이고, 먹이를 보고 꼭꼭거려 무리를 부르는 것은 인仁이고, 때를 맞추어 울어 새벽을 알리는 것은 신信이다. 닭띠 생은 이러한 덕을 잘 활용하면 이루지 못할 것이 없다.
개	개는 아주 오랜 세월을 인간과 함께 살았고 주인을 잘 따르므로, 동서를 막론하고 충복의 상징이다. 자신을 희생하여 주인을 구한 의견義犬 설화와 의견 동상, 의견 무덤이 곳곳에 있다. 개띠 생은 성격이 솔직하고 명랑하여 사람들이 좋아한다. 자신의 자리가 위험하다고 여길 때는 공격적인 성향도 보인다.
돼지	돼지는 신화에서 신통력을 지닌 동물이다. 제의祭儀의 희생犧牲으로 쓰이지만 재산이나 복의 근원, 길상吉祥, 집안의 재신財神을 상징한다. 속담에서는 탐욕스럽고 게으르며 우둔한 동물로 묘사되기도 한다. 돼지띠 생은 정직하고 단순하며 대체로 사람을 잘 용서하고, 성실한 편이다.

☯ 干支の話

　韓国人が時折「○○さんの干支は何ですか」と尋ねるのを聞いたことありませんか？干支は生まれた年によって12匹の動物があてられていることをいいます。これは東洋でいう十天干十二地支から生まれたものです。

　12匹の動物なので、十二地支と関係があるのでしょう。12匹の動物の順序については諸説がありますが、今回は十二地支の名前とそれに該当する動物について見てみましょう。

子	丑	寅	卯	辰	巳	午	未	申	酉	戌	亥
鼠	牛	虎	兎	竜	蛇	馬	羊	猿	鶏	犬	猪

　みなさんが生まれた年の干支はみなさんの性格の特徴を表します。生まれた年とそれぞれの動物の性格はどんなものなのか見てみましょう。(国立民俗博物館ホームページ参照)

鼠	子年は豊穣と希望と機会の年である。この年に生まれた人は食べるものに困らず、いい運命を生まれ持ったといわれている。ねずみが人間の生活に与える害も大きいものの、危険を察する本能があり、厳しい環境の中でも生き残る勤勉な動物である。財物・多産・豊穣を象徴するといわれている。
牛	丑年は余裕と平和の年である。牛は性質が穏やかで、我慢強いので、種が土の中から芽生え春を待つ様子と似ている。時期的には冷たい気運が退きはじめるときを表す。

虎	寅年は概して早くから成熟して万人を統率する才能をもって生まれる。出世も早くて威厳もある。尊敬の対象になり、責任感が強い。寅年生まれは衝動性と旺盛な気運を持っている。しかし、通常我慢できずにすぐ行動に移る傾向もある。
兎	うさぎは長寿の象徴であり、月の精霊でもある。うさぎは新年を迎えるまでは、常に自分が作った道を頑なに進む人生である。優れた頭脳で論理的に考え、最も早く安全な道を自分の安息の場とつなぐことができる、緻密で明晰な動物の一つである。そのため、人間史においても緻密で明晰な頭脳を用いて学者や教育者として義務を背負う一筋の人生を生きるものが多い。
竜	竜は最高の権威を持つ動物である。竜は他の動物がもっているあらゆる武器を備えると同時に、無窮なる造化の力を持っている。竜は我々の生活と意識の全般に影響を与え、数多くの民俗と民間信仰、説話、思想、美術品、各地の地名に至るまで、様々な姿で表れる。辰年に生まれた人は健康で、精力的、正直かつ勇敢で、感受性が豊かで、信頼に篤い性格だといわれている。その一方、よく怒り、頑固で、好き嫌いがはっきりしているといわれる。
蛇	数多くの卵と子供を産む蛇は、多産・豊穣・財物・家庭の福の神である。蛇は生命の誕生と治癒の力、知恵と予言能力、強い生命力と片思いの化身として文化的変身を遂げる。
馬	馬のイメージは迫力と活力あふれるはつらつとしたバイタリティーに要約される。馬はその外見からも分かるように、生き生きとした躍動感、優れた瞬発力、張りのある筋肉、すらりとした丈夫な体型、艶のある毛並み、堅固な蹄、荒い息遣いなどを通して強い印象を与える。馬は古くから我々の生活文化と密接な関係にあった。

羊	羊が純朴で穏やかな性格であるように、未年生まれも温和な性格の持ち主で、「この年には嫁が娘を産んでも謗らない」といった話がある。羊といえば平和を連想するほど純朴で温和な性格なので、なかなか喧嘩しないが、一旦怒ると我慢できずにかっとしやすい一面もある。また、必ず同じ道を通って帰ってくるという融通の利かない面もある。
猿	猿は動物の中で最も利口で、才のある動物である。常に動き回り、社交的で模倣の才能がある。性格が明るく、常に前向きである。申年に生まれた人が大衆と組織をリードする立場に立つとその才能を十分生かすことが出来る。しかし注意が散漫で飽きやすい傾向があり、また口数が多いため人から誤解を受けやすい。だから常に慎重に行動し持続性を持つように努め、小才をふるって大事を損なうことのないように注意すべきである。「申年」は「チャンナビ年」とも言われる。
鶏	鶏はよく五つの徳を持つと称えられる。鶏の鶏冠(とさか)は「文」を、爪は「武」を表し、敵を前にして勇敢に戦うことは「勇」を、餌をみたら鳴いて群れを呼ぶ様子は「仁」を、時に合わせて朝を知らせることは「信」を表すという。
犬	犬は性質が穏便で、利口で、人に良く従う。また、優れた嗅覚と聴覚を持ち警戒心も強い。非常に長い歴史を人間と共にしてきた犬は、東西を問わず人間に献身する「忠」の象徴である。物語に出てくる義犬は、忠誠心と義理を備え、友好的かつ犠牲心に溢れた行動をとる。義犬にまつわる物語や義犬の銅像・お墓などの様々な話は全国各地で伝わっている。
猪	神話において猪は、神通力(不思議な力)を持つ動物・祭儀における犠牲・吉祥など、財産や福の根源・家の財神の象徴である。その一方で、ことわざでは貪欲で汚く怠惰で愚鈍な動物として描かれており、矛盾した両価性を持つ動物である。

☯ The story of the twelve Eastern zodiac signs

Do you occasionally hear Koreans ask, "What is your Eastern zodiac sign, Mr./Ms. Blank?"

One of the 12 Eastern zodiac signs is attributed to a person according to their birth year.

This originated from the concept of the 10 Heavenly stems and the 12 Earthly branches of the East.

The 12 animals, may be related to the 12 Earthly branches.

Though there are many stories as to the order of animals, for now, let's just go over the names of the 12 Earthly branches along with their corresponding animals at this time.

자子	축丑	인寅	묘卯	진辰	사巳	오午	미未	신申	유酉	술戌	해亥
rat	ox	tiger	rabbit	dragon	snake	horse	sheep	monkey	rooster	dog	pig

The Eastern zodiac sign of your birth year affects your personality traits.

Let's take a look at the characteristics of one's personality as brought about by their birth as well as the corresponding zodiac sign. (reference: the website of the National Folk Museum)

Rat	The year of the Rat represents and opportunity. Those born under the Rat sign are said to be blessed with things to eat and be endowed with good luck. Though damages caused by rats in everyday life are not light, they have an instinct to sense danger in advance and are a very diligent animal which can survive in difficult circumstances. It is known as the symbol of wealth, fecundity, and richness.
Ox	The Year of the Ox is a year of leisure and peace. A cow is obedient and patient so its properties are said to be similar to a seed sprouting a bud underneath the ground while waiting spring to come. As it shows endurance and obedience, so does it symbolize cold energy, starting to yield to itself.

Tiger	Those born under the Tiger sign usually mature quickly and are gifted with leadership. They rise quickly and have a dignity. They are responsible and can be the object of respect. They are also impulsive and full of vigor. However, they often tend to act impatiently.
Rabbit	A rabbit is an emblem of longevity and the vital essence of the Moon. It can be said to live a unidirectional life for it always treads the path built by itself and never changes it until greeting the new year's day. It is a careful and brilliant animal that can find and optimize its path to find the fastest and safest way to its resting place by using its smart brain. Those born under the Rabbit sign are so proud of their fine and clever brain that they end up with living that unidirectional life, during which they usually take the role of a scholar or a teacher.
Dragon	A dragon is the highest animal with the upmost authority. The dragon is not only armed with all of the best weapons that other animals have but it also has a boundless capacity of creative change. The dragon dwells deep in every part of our lives and consciousness while emerging often in countless folklores, folk beliefs, tales and thoughts as well as art crafts and place names. It is said that those born under the Dragon sign are healthy, vigorous, and brave as well as have keen sensitivity and build solid relationships. On the other hand, it is also said they are easily apt to be choleric, stubborn and make clear their likes and dislikes.
Snake	A snake of fertility, which lays many eggs and hatchlings, is the god of abundance, wealth and a family's good fortune. It represents cultural transformations including the birth of lives, healing power, the ability of wisdom and prophecy, a tenacious hold on life and an embodiment of unrequited love.
Horse	The image of a horse is encompassed by energy and liveliness. Its outward appearance represented by its robust body type, glossy hair, the sound of hooves, and heavy breathing, it gives a strong impression. From early times, the horse has had a close relationship with our living culture.

Sheep	As the sheep is characterized as simple and soft, so are those born under the Sheep sign: gentle and mild. Thus, there are many kinds of old wives' tales such as that even if a daughter-in-law gave birth to a baby girl, she wouldn't be abused even in the least during this year. Although they rarely fight much, as sheep are a reminder of peace, once they get angry, they're so hot-tempered that they would lose all patience. Meanwhile they have such an inflexed habit that they would surely come back through the same way that they trod when going away.
Monkey	A monkey is considered as the smartest and most talented animal of all. However because of its human-like appearance, its cunning mimicking, among other things, if anything, it is shunned as an unlucky animal. Influenced by this sort of popular belief, people usually like to say 'Jannabi sign' rather than 'Monkey sign'.
Rooster	A rooster is usually praised as possessing 5 virtues; That is to say, its cockscomb stands for erudition, its claws are for martial arts, standing bravely against enemy is intrepidity, clucking to gather its flock when finding feed is benevolence, timely crowing to mark daybreak is faithfulness.
Dog	The dog is gentle, smart and friendly, and has keen sense of smell and hearing, and strong wariness. Having lived together with human for a long time, it is a symbol of a devoted and faithful servant to mankind regardless of the East and the West. In particular, the righteous dog found in tales acts friendly and sacrificially and demonstrates loyalty and fidelity. Various topics about righteous dogs and their tales, statues and graves are passed down all throughout the nation.
Pig	A pig is symbolized as an animal which has supernatural power, is a sacrifice for a ritual, and is an auspicious omen like the source of wealth or luck. On the other hand, it is a contradictory and ambivalent animal sign which is described as a greedy, dirty, idle, and stupid animal in almost every proverb.

◎부모님의 생신은 언제예요?

◎오늘은 몇 월 며칠이에요?

◎이번 달에 특별한 날이 있어요?

◎양력과 음력에 대해 말해 보세요.

◎12지지 이름과 동물을 순서대로 써 보세요.

제7과

천 원짜리를 백 원짜리로 좀 바꿔 주시겠어요?

긴

학습목표 한국의 화폐 단위와 특징을 알아본다.
물건을 살 때 한국 화폐를 정확히 사용할 수 있다.

본문 대화 · 会話 · Unit Dialogue

가 : 마이클 씨, 우리 음료수 마실래요?

나 : 네 좋아요. 어디로 갈까요?

가 : 1층 로비에 자판기가 있잖아요. 거기로 가요.

나 : 고은 씨, 여기 '지폐 사용 불가! 죄송합니다.'라고 쓰여 있어요.
　　 어떡하죠? 저는 동전이 없어요.

가 : 음, 저도 없는데요.

나 : 제가 저쪽에 있는 안내원에게 한번 물어볼게요.
　　 (안내원에게) 안녕하세요. 지금 자판기에 지폐 사용이 안 돼요.
　　 혹시 천 원짜리를 백 원짜리로 좀 바꿔 주시겠어요?

어휘와 표현 · 語彙と表現 · Words & Expressions

한글	にほんご	English
음료수	飲(の)み物(もの)	drink; beverage
자판기/자동판매기	自動販売機(じどうはんばいき)	vending machine
로비	ロビー	lobby
지폐	札(さつ); 紙幣(しへい)	bill; banknote; paper money
동전	コイン; 銭(ぜに)	coin
잔돈	小銭(こぜに)	change
사용 불가	使用不可(しようふか)	can not use
안내원	案内係(あんないがかり)	a clerk at the information desk; a desk clerk
화폐	金銭(きんせん); 貨幣(かへい); 金(かね)	money
묻다	問(と)う	ask; inquire
바꾸다	換(か)えるお金をくずす (잔돈으로 바꾸다)	change
혹시	もし; もしや	maybe; by any chance
좀	ちょっと	please

한글	にほんご	English
부탁하다	頼(たの)む	ask; request
거스름돈	おつり	change
고액권	高額券(こうがくけん)	large-denomination bill[note]
앞면	前面(ぜんめん)	front (side)
뒷면	裏面(うらめん)	back (side)

1) ~을/를 ~로 바꾸다

만 원 ⇨ 오천 원 : <u>만 원짜리를 오천 원짜리로 바꾸다.</u>

오천 원 ⇨ 천 원 : _____

지폐 ⇨ 동전 : _____

고액권 ⇨ 잔돈 : _____

2) 이것 좀 해 주시겠어요?

3) ~짜리

백 원<u>짜리</u> 동전

얼마<u>짜리</u>로 드릴까요?

열 살<u>짜리</u> 아이

세 권<u>짜리</u>가 한 세트인 책

함께 해 보기·やってみよう·Let's Together

1) 한국의 옛날 돈과 현재 쓰이는 동전입니다.

| 옛날 돈 : 엽전 | 현재 쓰이는 동전

2) 동전에 있는 그림의 의미는 무엇일까요?

종류	앞면	의미
10원	다보탑	경주 불국사 4층 석탑(국보 20호)
50원	벼	한국 사람의 주식이 되는 농작물의 한 가지
100원	이순신 장군	조선시대 임진왜란(1592~1598)때 왜군을 무찔러 공을 세운 인물. 거북선을 제작
500원	학	부와 장수를 상징하는 새

☯ 지폐 속의 역사적인 인물은 누구일까요?

한국의 지폐 속에는 모두 조선시대 인물들이 있어요.

천 원짜리에는 이황이라는 학자가 있어요. 지금의 경상북도 안동시에 도산서원을 세워서 제자들을 가르쳤어요. 오천 원짜리에는 이이라는 학자가 있는데 강원도 강릉에서 태어났어요.

그의 어머니 신사임당은 2009년에 새롭게 발행된 오만 원짜리의 인물이에요. 마지막으로 만 원짜리에는 한글 창제와도 관련이 깊은 세종대왕이 있지요.

퇴계 이황(1501~1570)과 율곡 이이(1536~1584)

이황과 이이는 나이 차이가 많이 났지만 학문을 공부하는데 있어서는 좋은 경쟁자가 되었어요. 나라를 위하는 마음은 같았지만 그것을 이루는 방법과 추구하고자 하는 바는 달랐어요.

이황은 도덕적 행위의 근거로 '리理'의 능동적 역할을 중시했기 때문에 근본적이며 이상주의적인 성향이 강했어요. 이황은 『성학십도』, 『주자서절요』 등을 편찬하여 주자의 이론을 조선의 현실에 맞추어 독자적인 사상을 세우려 했어요. 그리고 그는 도산으로 내려가 서원을 만들어 인재 양성을 하였어요.

이이는 '리'보다는 '기氣'의 역할을 강조했으며('리'가 내면의 정신적 인식인 반면에 '기'는 더 구체적이고 물질적인 요소이다.) 그에 따라 현실적이고 개혁적인 성향을 보였어요. 이이는 『성학집요』를 지어서 현명한 신하가 임금의 수양에 도움을 주어야 한다고 주장했어요. 『동호문답』에서는 통치 체제의 정비와 수취 제도의 개혁 등 현실적인 방안을 제시했어요. 이이는 관직에 올랐다 물러나기를 반복하며 임금에게 나라를 위하는 올바른 길을 말씀드렸지요.

두 분은 서로가 다른 듯 보이지만 학문에 매진하여 뜻을 이루고자 했던 그 마음은 같았다고 할 수 있어요.

☯ 紙幣に描かれた歴史上の人物は誰？

　韓国の紙幣にはすべて、李氏朝鮮時代の人物が描かれています。

　1,000ウォン札には•李滉(イ・ファン)という儒学者が描かれています。現在の慶尚北道安東市に陶山(トサン)書院という学校をたて、弟子を育てました。5,000ウォン札には李珥(イ・イ)という儒学者が描かれていますが、彼は江原道江陵で生まれました。

　彼の母である申師任堂(シン・サイムダン)は2009年に新しく発行した50,000ウォン札に描かれている人物です。最後に10,000ウォン札にはハングル創製と関わりの深い、世宗大王が描かれています。

退溪(テゲ)李滉(1501~1570)と栗谷(ユルゴッ)李珥(1536~1584)

李滉と李珥は年の差こそあれ、学問を修めることにおいては良きライバルでした。国を思う気持ちは同じでしたが、それを成し遂げる方法と追求する思想は異なっていました。

李滉は道徳的行為の根拠として「理」の能動的役割を重視したため、根本的で理想主義的な傾向が強く、『聖学十図』・『朱子書節要』などを編纂して朱子の理論を朝鮮の現実に合わせ、独自の思想を打ち立てようとしました。後に彼は陶山に赴いて書院を開き、人材を育成しました。

李珥は「理」より「気」の役割を強調したため、現実的かつ改革的なものを求める傾向がありました。(「理」が内面の精神的な認識である反面、「気」は具体的で物質的な要素です。) 彼は『聖学輯要』を著して賢明な臣下が王の修養を助けるべきだと主張しました。『東湖問答』では、統治体制の整備と収取(課税・徴税)制度の改革など現実的な案を出しました。李珥は仕官と致仕を繰り返しながら王に国のための正しい道をいさめました。

この二人は異なる点も見受けられますが、学問にまい進し、志を成し遂げようとしたその心だけは同じだったのです。

● Who are the historical figures on the banknotes?

All of the people on the Korean banknotes are figures of the Joseon Dynasty.

On the thousand-won bill is a scholar named Yi Hwang. He set up the Dosan Seowon and taught his disciples in what is now Andong City, North Gyeongsang Province. On the five thousand-won bill is a scholar named Yi I, who was born in Gangneung City, Gangwon Province.

His mother, Shin Saimdang, is the figure on the fifty thousand-won bill, newly issued in 2007. Lastly, on the ten thousand-won bill is King Sejong, deeply related to the invention of Hangeul as well.

Toegye Yi Hwang(1501~1570) and Yulgok Yi I(1536~1584)

Although there was a big age gap between Yi Hwang and Yi I, when it comes to studies, they were good rivals. While their devotion to their country was not different, their thoughts on the manner of achieving it and the way to concretely pursue it were different from each other.

Because Yi Hwang stressed the active role of '*li*', the principle as the basis of a moral act, he was strongly fundamentalistic and idealistic. He authored *The Ten Diagrams of Sage Learning* and *Outline and Explanations of the Works of Zhu Xi*, while trying to establish an independent ideal by adjusting Zhu Xi's theory to the reality of Joseon at that time. He went to Dosan to set up a *Seowon* in order to cultivate competent people.

Yi I placed emphasis on the role of '*qi*', the vital force, rather than '*li*' : '*qi*' is related to the more concrete, material elements while '*li*' is an inner spiritual perception. Accordingly, he showed realistic, reform-minded tendencies, and stressed in his book, *The Essentials of the Studies of the Sages*, that wise retainers should help a king cultivate himself. In *Questions and Answers at East Lake*, he suggested realistic plans including maintaining a ruling system and reforming a collection system. He taught the king what the righteous way for the country was, while reiterating that government offices should be regularly entered and vacated.

It is possible to say that the two seemingly different figures actually shared the same idea that striving for studies is the way to realize their aspirations.

◎한국의 동전에는 어떤 것이 있나요?

◎한국의 지폐에는 어떤 것이 있나요?

◎이순신 장군은 누구예요?

◎세종대왕은 누구예요?

◎여러분의 나라에서 사용하는 화폐는 무엇이에요?

제8과
민국이는 책벌레예요

끈

학습목표 한국의 교육제도를 알아본다.
역사 속의 한국 교육기관을 알 수 있다.

가 : 민국이 어머니 어디 가세요?

나 : 네, 마타오 씨.
주민센터에서 여름방학에 서당을 연다고 해서요.

가 : 서당이요? 그게 뭔데요?

나 : 한국의 옛날 교육기관으로 오늘날의 학교와 같은 곳이에요.
이번에 여름방학 때 초등학생을 대상으로 한자를 가르쳐
준다고 해요. 그리고 예절 교육도 해 준다고 해서 등록하러
가요.

가 : 아 그렇군요.
그런데 민국이는 책을 너무 열심히 보는 것 같아요.

나 : 그런가요? 민국이 할아버지가 민국이를 책벌레라고 불러요.

가 : 네? 책벌레요?

어휘와 표현 · 語彙と表現 · Words & Expressions

한글	にほんご	English
주민센터	ジュウミンセンター	Community Service Center
열다	開(ひら)く	open
서당	書堂(しょどう)	seodang; village school
교육기관	教育機関(きょういくきかん)	educational institution [establishment]
방학	休(やす)み	vacation
유치원	幼稚園(ようちえん)	kindergarten
초등학교	小学校(しょうがっこう)	elementary[primary] school
중학교	中学校(ちゅうがっこう)	junior high (school); middle school
고등학교	高等学校(こうとうがっこう)	high school
대학교	大学校(だいがっこう)	college; university
대상	対象(たいしょう)	object; target
예절	礼儀(れいぎ); エチケット; 行儀(ぎょうぎ)	manners; etiquette; courtesy
등록	登録(とうろく)	registration
할아버지	おじいさん; 祖父(そふ)	grandfather
할머니	おばあさん; 祖母(そぼ)	grandmother
책벌레	本(ほん)のむし; 本好(ほんず)き	bookworm

1) ~(으)러 가다

어디 가세요?

우체국에 가다. 편지를 부치다 ⇨ <u>편지를 부치러 우체국에 가요.</u>

시내에 가다. 친구를 만나다 ⇨ _____

도서관에 가다. 공부를 하다 ⇨ <u>공부를 하러 도서관에 가요.</u>

체육관에 가다. 운동을 하다 ⇨ _____

2) 문장 + ~고 하다

우주에도 사계절이 있다 ⇨ <u>우주에도 사계절이 있다고 해요.</u>

회의는 어떻게 됐어요?

<u>이제 막 끝났다고 해요.</u>

함께 해 보기 · やってみよう · Let's Together

1) 보기처럼 해 보세요.

> 보기 : 의사. 약을 먹고 푹 쉬면 된다
> ⇨ <u>의사가 약을 먹고 푹 쉬면 된다고 해요.</u>

① 선생님. 다음부터 늦지 말라

② 특별할인으로 2개 만 원에 판다

③ 어제 왜 못 왔다고 해요?
어제 갑자기 집에 친척이 찾아왔다. 그래서 못 갔다.

2) 다음 단어를 사용하여 문장을 만드세요.

> 보기 : 고향   가다   어머니 보다
> ⇨ 어머니를 보러 고향에 가요.

① 정동진. 해돋이. 가다. 보다

② 옷. 사다. 동대문시장. 가다

③ 친구들. 노래. 부르다. 노래방. 가다

④ 석굴암. 보다. 경주. 가다

◐ 옛날 한국에는 어떤 학교 제도가 있었을까요?

한국 부모들의 교육열은 세계적으로 잘 알려져 있습니다. 그래서 학부모와 학생들은 교육자들을 존경했으며, 교육자들은 마을에서 유지로서 대접을 받았어요. 역사를 살펴보면 교육기관들은 많은 변화를 보여줍니다. 그러나 이들 교육기관을 통해 자녀에게 배움의 기회를 주고 삶의 목표를 정하는데 바른 길을 안내하려는 부모의 마음만은 변함이 없었습니다.

사국 시대(고구려, 백제, 신라, 가야)의 교육기관으로 관학인 태학과 사학인 경당이 있었어요. 고려시대에는 국자감, 향교, 학당인 관학과 지역의 학자들이 설립한 사학인 도徒가 있었고, 조선시대 역시 국가가 주도해 설립한 국립교육기관과 지역 사림이 중심이 되어 설립한 사립교육기관이 있었습니다. 대표적인 국립교육기관으로 성균관成均館과 향교鄕校를 들 수 있습니다.

조선시대의 대표적인 사립교육기관으로 서원書院과 서당書堂이 있어요. 서당은 각 마을마다 있었기 때문에 수를 헤아릴 수 없을 정도였고, 서원은 전국적으로 대략 370여개가 있었던 것으로 기록되어 있습니다. 조선 후기 흥선대원군의 서원철폐령에 따라 상당수의 서원이 문을 닫았기 때문에 현재 명맥을 유지하고 있는 서원의 수는 적어요.

조선시대에 전국적으로 수 만개에 달했던 서당은 가장 기초적인 교육기관이었습니다.

그런데, 사국 시대 이전에는 교육기관이 없었을까요?

한국의 옛 역사서인 『환단고기』에 의하면, 경당扃堂은 사국시대 이전에도 있었던 교육기관이에요. 하늘에 천제를 지내던 '소도蘇塗'라는 곳 옆에는 반드시 경당을 세워서 밝고 예절바르며, 문무를 겸비한 인재를 양육했다고 해요. 그만큼 한국인들의 교육열은 역사적으로 오래되었다고 볼 수 있지요.

(참고 : 강원일보[신문으로 공부합시다] 조선시대 수 만개 달했던 기초교육기관 '서당' 2016.0202)

☻ 昔、韓国にはどのような学校制度があったのでしょうか。

　韓国人の教育熱は世界的に有名です。そうした背景もあり、保護者と生徒は教育者を尊敬し、教育者はその村の名士として厚遇されました。歴史をたどると、教育機関は多くの変化を遂げてきました。しかし、これらの教育機関を通じて子供に教育の機会を与え、人生の目標を決めるにおいて正しい道に導こうとする親の気持ちだけは変わりませんでした。

　四国時代(高句麗・百済・新羅・伽耶)には、「太学」と「扃堂」という教育機関がありました。高麗時代には「国子監」・「郷校」・「学堂」などの官学が建てられ、地域の学者によって私学である「徒」が設けられました。李氏朝鮮時代にも、国家主導の国立教育機関と、地域の学者のもとで設立された私立教育機関がありました。代表的な国立教育機関として「成均館」と「郷校」が挙げられます。

　李氏朝鮮時代の代表的な私立教育機関には「書院」と「書堂」がありました。書堂は村ごとに設けられたため、数え切れないほど多くの書堂があったものと見られ、また書院は全国で三百七十余の書院があったと記録されています。しかし、李氏朝鮮後期、興宣大院君の書院撤廃令によって数多くの書院が閉鎖されたため、現在はわずかな書院が残るのみです。

　李氏朝鮮時代、全国で数万軒に及んだ書堂は最も基礎的な教育機関でした。

　では、四国時代の前には教育機関が存在しなかったのでしょうか?

　韓国の歴史書である『桓檀古記』によると、扃堂は四国時代以前から存在していたようです。天に天祭を捧げた「蘇塗」という場所の隣には必ず扃堂を設け、礼儀正しく、文武を兼ね備えた人材を育成したと記されています。それほど、韓国人の教育熱は古くから続いてきたものだといえるでしょう。

(参考:江原日報、「新聞で勉強しましょう」李氏朝鮮時代、数万に及んだ基礎教育機関「書堂」、2016.02.02)

◐ What lied inside the old Korean schools?

Korean parents' education fervor is well known to the world. Being respected by both parents and students alike, educators were treated well as community leaders. Educational institutions have changed a lot throughout history. However, the minds of parents have remained unchanged: they have always just wanted to give their children the opportunity to study at these educational institutions and lead them on the right path so that they can better decide what their goals are in life.

During the Four States Period (Goguryeo, Baekje, Silla, Gaya), there were the two educational institutions, Taehak and Gyeongdang, a national school and a private school, respectively. In the Goryeo Dynasty, there were the national schools Gukjagam, Hyanggyo, and Hakdang, and the private school, Do, established by regional scholars. During the Joseon Dynasty, there were national educational institutions set up under the national leadership and private educational institutions established by the pivotal role of regional Confucian scholars. Examples of representative educational institutions are Seonggyungwan and Hyanggyo.

The typical private education institution during the Joseon Dynasty was the Seowon or the Seodang. As record says that each and every town had a Seodang, their number was countless. Approximately 370 Seowons were recorded throughout the nation as well. According to the Seowon Abolition Doctrine by Daewongun in late Joseon, a considerable number of them were closed and only a few Seowons have survived to this day.

The Seodangs, numbering in the millions all throughout the nation, were the most fundamental educational institutions of the Joseon Dynasty.

Were there any educational institutions before the Four States Period?

According to the *Hwandangogi*, a book referring to the history of antiquity, Gyeongdangs existed even before the Four States Period. The record says that Gyeongdangs were unconditionally located beside the village's Sodo, the place where Heavenly rites were offered, and served to cultivate outstanding individuals, who were not only brilliant and well-mannered but also excelled in both scholarship and martial arts. It can be said that the Korean educational fervor came from a long historical background.

(reference: The Kangwon Ilbo, [Let's study through newspapers] *'Seodang', the basic educational institution, whose numbers reached in the tens of thousands during the Joseon Dynasty.*)

스스로 학습평가 · 自ら学習評価 · Self-Evaluation

◎책벌레가 뭐예요?

◎대학교 이전에는 어떤 교육 단계가 있나요?

◎서당에서 무엇을 배울 수 있어요?

◎조선시대에 대표적인 사립교육기관 두 개는 무엇이에요?

◎여러분의 대학과 한국의 대학을 비교해 보세요.

제9과
지하철이 버스보다 빠를 거예요

걷

학습목표 한국의 대중교통을 알아본다.
비교하는 문장을 말할 수 있다.

본문 대화 · 会話 · Unit Dialogue

가 : 마이클 씨, 약속 장소가 어디라고 했죠?

나 : 시청 건너편에 있는 전통찻집 '하늘정원'요.
　　 그래요? 택시는 요금이 비싸니까, 저기 오는 버스를 타면 될 것
　　 같아요.

가 : 그런데, 지금 퇴근 시간이라서 버스를 타면 좀 늦을 것
　　 같은데요.

나 : 퇴근 시간이라는 것을 깜박했어요.
　　 아, 벌써 도로에 차가 밀리고 있어요.

가 : 아마 지하철이 버스보다 빠를 거예요.
　　 우리 지하철을 타고 가요.

나 : 네. 어서 가요.

어휘와 표현 · 語彙と表現 · Words & Expressions

한글	にほんご	English
약속 장소	約束場所(やくそくばしょ)	appointed place
건너편/맞은편	向(こ)う; 向(む)かい側(がわ)	opposite side; other side
전통찻집	伝統喫茶店(でんとうきっさてん)	traditional teahouse
출근하다	出勤(しゅっきん)する	go[get, come] to work
퇴근하다	退勤(たいきん)する	go home from work
깜박하다	うっかりする	forget
늦다	遅(おそ)い	late
(차가)밀리다	渋滞(じゅうたい)する	traffic's backed up
벌써	もう	already
버스	バス	bus
자가용	自動車(じどうしゃ); マイ・カー	(one's own) car
택시	タクシー	taxi; cab
기차	汽車(きしゃ)	train
고속버스	高速(こうそく)バス	express bus
KTX(한국고속철도)	ケーティーエックス	Korea Train Express
빠르다	速(はや)い	fast; rapid; speedy

한글	にほんご	English
느리다	遅(おそ)い	slow
싸다	安(やす)い	cheap; inexpensive
비싸다	高(たか)い	expensive; costly
교통수단	交通手段(こうつうしゅだん); アクセス	transportation; vehicles
대중교통	公共交通(こうきょうこうつう)	public[mass] transportation
교통카드	交通(こうつう)カード	transportation card
갈아타다/환승	乗(り)換(か)える	change,;
출구/입구	出口(でぐち) / 入(い)り口(ぐち)	exit / entrance
현금	現金(げんきん); キャッシュ	cash
승차권	チケット; 乗車券(じょうしゃけん)	ticket

1) 무엇이 가장 빠를까요? 가장 편리할까요?

　　　버스, 택시, 지하철, 기차, 비행기

2) ~이/가 ~보다 (더) 빠르다/느리다

3) ~이/가 ~보다 (더) 싸다/비싸다

4) ~이/가 ~보다 아주/훨씬 _____

함께 해 보기 · やってみよう · Let's Together

1) 보기처럼 문장을 만드세요.

> 보기 : 마이클 캐빈 더 크다
> ⇨ 마이클이 캐빈보다 더 커요.

① 정아 씨. 냉면. 불고기. 훨씬. 좋아하다.
정아 씨는 _____

② 연극. 영화. 더. 재미있다

③ 여름. 딸기. 포도. 더. 싸다
여름에는 _____

④ 나. 수학. 영어. 훨씬. 잘하다
나는 _____

2) 보기처럼 바꾸어 보세요.

> 보기 : 마이클이 캐빈보다 더 커요
> ⇨ <u>캐빈은 마이클보다 작아요.</u>

< 적다 좁다 어둡다 조용하다 쉽다 짧다 >

① 이웃 집 마당이 우리 집 마당보다 넓어요.

⇨

② 하지는 동지보다 해가 훨씬 길어요.

⇨

③ 우리 할머니가 할아버지보다 연세가 더 많아요.

⇨

④ 대강당이 소강당보다 더 밝아요.

⇨

⑤ 이번 시험이 저번보다 어려웠어요.

⇨

◎ 옛날 사람들은 어떻게 먼 곳을 왕래했을까요? - 말과 마패

자신의 차가 없는 사람들 대부분은 대중교통을 이용해요. 대중교통 중에서 버스나 지하철은 서로 연동이 되어 있어서 교통카드를 사용하면 경제적인 절약을 할 수 있어요.

그리고 지하철이 없는 곳도 많기 때문에 바쁠 때는 요금이 더 들더라도 택시를 이용하는 경우도 있지요.

한국고속철도(KTX)가 생긴 이후로 서울에서 부산까지도 하루 만에 일처리가 가능해졌고, 그만큼 시간절약이 되고 있지요. 물론 그에 따른 요금은 고려해야겠지요. 여유가 있다면, 좀 느리지만 여유를 가지고 무궁화 호를 타 보는 것도 좋아요.

그런데, 옛날 사람들은 어떻게 먼 곳을 왕래했을까요?

그 대표적인 수단이 바로 말이었어요. 말은 동서양을 막론하고 교통수단이자 정보 전달수단, 그리고 전쟁에 활용되기도 했던 중요한 동물이죠.

한국에서도 (통신)교통수단으로 역참이 있어서 잘 관리된 말(역마)들을 갈아 탈 수 있도록 준비되어 있었어요. 지금으로 말하면 플랫폼이나 정류장 같은 것이라고도 비유해 볼 수 있어요.

말이(역참이) 하나의 제도로서 자리 잡은 시기는 사국 시대로 거슬러 올라가요.

(역참은 그 시대에 주된 교통 통신 시스템이라고 말할 수 있는데,) 고려 시대에 조직적으로 정비되고 조선 시대에는 파발 제도로 이어졌어요. 하향식 통신 수단으로써 뿐만 아니라 지방으로부터의 공문서 전달, 관물의 운송, 관리의 왕래에도 이용된 제도이지요. 다시 말해, 그것은 공무상의 목적을 위한 수단이었고 일반 사람들을 위한 것은 아니었어요.

혹시, 한국 역사드라마에서 암행어사를 본 적이 있나요?

"암행어사 출도요~"라고 외치며, 말이 그려진 마패를 보여주며 자신의 신분을 드러냈던 암행어사!

임금의 명을 받아 비밀리에 임무를 완수하며 다녔는데요, 마패는 역마(역참)에서 말을 사용할 수 있는 말의 그림이 그려져 있었지요.

암행어사 뿐 아니라 나랏일을 하는 관리들은 그 벼슬에 따라 말을 사용할 수 있는 숫자도 달랐어요.

●昔の人はどうやって遠いところに行き来したでしょうか？－馬と馬牌

　自家用車を持たないほとんどの人は公共交通機関を利用します。交通カードを利用するとバスと地下鉄を乗り継ぐことができるので、お得です。

　また、地下鉄が通っていないところも多いため、急ぎの時には高くてもタクシーを利用することもあります。

　KTXの開通後、ソウル‐釜山間も一日で往復することができ、時間を節約することができるようになりました。もちろん、それに見合った料金も必要となります。時間に余裕があれば、少し時間はかかりますが、ムグンファ(無窮花)号に乗ってみるのはいかがでしょうか。

　ところで、昔の人はどうやって遠いところへ行き来したのでしょうか。

　代表的な手段はやはり馬です。馬は東西を問わず、交通手段かつ情報の伝達手段として利用され、戦争にも活用された重要な動物です。

　かつて韓国にも通信・交通手段として駅站(宿駅)が置かれ、よく手入れされた駅馬をそこで乗り換えて移動できるようにしました。今でいうとプラットホームや停留場のようなものです。

駅站が一つの制度として確立されたのは四国時代にまでさかのぼります。

駅站は当時の主な交通・通信システムにあたり、高麗時代に組織的に整備され、李氏朝鮮時代にパバル(擺撥(飛脚))制度として受け継がれました。下達式通信手段としてだけではなく、地方からの公文の伝達、官物の運送、官吏の往来にも利用されました。つまり、この制度は公務上の目的のための手段であり、一般人を対象としたものではありませんでした。

韓国の時代劇から「暗行御史(アメンオサ)」を見たことがありますか?

彼らは「暗行御史のお出ましだ」と叫びながら、馬の描かれた馬牌をみせて自分の身分を明かしました。

暗行御史は王の御命を受けて秘かに任務を遂行しましたが、馬牌には駅站で徴発できる頭数の馬の絵が描かれていました。

暗行御史だけではなく、馬牌をもっている官吏なら誰でも馬を借りることができましたが、その位によって使える馬の頭数が決まっていました。

◑ How did people in the past travel long distances?
By the Horse and the Mapae

Most people without their own vehicle use public transportation. As one can freely transfer between the bus and the subway, using a transportation card can cut down on expenses.

A taxi can be useful to reach places where neither the bus nor the subway is connected to yet, or to move in a hurry, although it does cost more.

Since the KTX has become available, one can commute to work from Seoul to Busan in a day, saving a substantial amount of time. The cost, needless to say, must be considered accordingly. Taking a ride on the *Mugunghwa* can be a good choice when you are not in a hurry.

So, how did people take long trips in the past?

The most representative method was the horse. The horse is an important animal, used for warfare as well as for transportation and communication in both the East and the West.

There was a transportation and communication system using horses in Korea as well, called *Yeokcham*, where well-managed horses(*Yeokma*) were always ready for deployment. It was similar to a present-day platform or station.

The *Yeokcham* system was established in the Four States Period.

It can be considered the main transportation and communication system of the time. It was systematically organized in the Goryeo Dynasty and followed by the *Pabal* system in the Joseon Dynasty. It was used not only as a top-down communication system but also for delivering official documents from the provinces to the center, transporting government properties, transporting government officials, among other things. In other words, it was for official use, not for ordinary people.

Have you ever seen *Amhaeng-eosa* in Korean historical dramas?

Crying out, "*Amhaeng-eosa* coming in!", the *Amhaeng-eosa*, or secret royal inspector, revealed himself presenting his *mapae*.

In obedience to royal mandate, the secret royal inspector performed secret missions. *Mapae* bore an image with the number of horses the owner was allowed to use at the *Yeokcham*.

The secret royal inspectors, as well as other government officials were allowed horses depending on their official rank.

스스로 학습평가 · 自ら学習評価 · Self-Evaluation

◎자가용보다 대중교통을 이용하면 뭐가 좋아요?

◎가장 저렴한 대중교통은 무엇이라고 생각해요?

◎여러분의 나라의 대중교통을 소개해 주세요.

◎여러분은 주로 어떤 대중교통을 이용하세요. 그 이유는 뭐예요?

제10과
한국 영화를 본 적이 있어요?

학습목표 한국의 영화, 드라마에 대해 알아본다.
경험한 것을 묻고 답할 수 있다.

본문 대화 · 会話 · Unit Dialogue

가 : 고은 씨 무얼 보고 있어요?

나 : 아 네, 영화 포스터요.
지난주에 친구하고 영화관에 가서 가져 왔거든요.

가 : 뭐 재미있는 영화 있어요?

나 : 지금, 한국 영화와 프랑스 영화중에 뭘 볼까 생각 중이에요.
참, 캐빈 씨 한국에 와서 한국 영화를 본 적이 있어요?

가 : 아뇨. 한 번도 없어요.
아직 배우들이 대화하는 것을 잘 못 알아들어요.

나 : 제가 쉽고 재미있는 한국 영화 추천해 줄게요.
한번 도전해 봐요.

가 : 좀 걱정되지만 고은 씨만 믿을게요.

어휘와 표현 · 語彙と表現 · Words & Expressions

한글	にほんご	English
영화 포스터	映画(えいが)ポスター	movie poster
배우	俳優(はいゆう)	actor; actress
추천하다	薦(すす)める	recommend
도전	挑戦(ちょうせん); チャレンジ	challenge
믿다	信(しん)じる	believe
걱정되다	心配(しんぱい)になる	worry; concerned
- 번	度(ど)	(횟수, 차례, 경우) time; number
한류	韓流(かんりゅう)	Korean wave
드라마	ドラマ	drama
대중문화	大衆文化(たいしゅうぶんか)	pop(ular) culture; public culture

1) 한국 음식을 먹어 본 적이 있어요?
   네. 먹어 본 적 있어요.
   아니오. 한 번도 먹어 본 적 없어요.

   제주도에 가 본 적이 있어요?
   네. 두 번 가 봤어요.
   아니오. 이번 여름방학에 갈 계획이에요.

   이 새 프로그램 사용해 본 적 있어요? 잘 모르겠어요.
   네. 전에 있던 회사에서 여러 번 사용해 본 적 있어요.

2) 숫자 세기

하나	둘	셋	넷	다섯	여섯	일곱	여덟	아홉	열	열 하나
한 번	두 번	세 번	네 번	다섯 번	여섯 번	일곱 번	여덟 번	아홉 번	열 번	열한 번

함께 해 보기 · やってみよう · Let's Together

1) 보기처럼 해 보세요.

> 보기 : 깍두기   먹다
> ⇨ 깍두기를 먹어 본 적(이) 있어요?

① 혼자 서울에서 부산까지 가다

② 최근   한국 드라마   보다

③ 한국어로 된 소설책   읽다

④ 전주 한옥마을   한복 입다

⑤ 한국 배우   함께   사진   찍다

2) 물음에 답해 보세요.

① 비빔밥과 냉면을 먹어 본 적 있어요?

네. _____

아니오. _____

② 젓가락과 숟가락을 사용해 본 적 있어요?

네. _____

아니오. _____

③ 한국에서 여행해 본 적 있어요?

④ _____ 적 있어요?

☯ 한류

'한류'라는 말은 21세기에 들어와 한국의 대중문화가 세계에서 인기를 끌고, 특히 한국의 대중가요와 드라마, 영화 등이 중국을 비롯하여 동남아시아로 유행하면서 생겨났어요.

정확히 말하자면, 중국 언론이 '한류'라는 말을 처음 사용하였으며, 대한민국에서 만든 용어는 아니라는 거예요. 그래서 널리 사용되고 있지만, 이 용어 사용에 대해서는 한번 생각해 볼 필요가 있어요.

하지만, 한류, 한류열풍과 같은 표현으로 국제적인 이미지나 홍보의 긍정적인 효과는 앞으로 극대화 해 나가야 할 거예요.

한때 '한류열풍'은 가까운 일본 뿐 아니라 아시아를 넘어 유럽과 미주 지역에서도 K-pop 경연대회나 한국 드라마, 영화에 열광하여 한국어를 배우려는 동기유발이 되기도 했지요.

2000년대 들어와 조금 주춤하던 열기는 2013년 12월 18일 첫 방영된 드라마 〈별에서 온 그대〉, 2016년 2월 24일 첫 방영된 〈태양의 후예〉로 다시 한국의 문을 두드리고 있어요.

그런데, 한류에 열광하는 세계인들에게 진정한 한국의 모습, 한국문화는 어디에서 찾을 수 있을까요?

한껏 흥에 취해 같이 노래하고 춤을 추며, 자신이 좋아하는 연예인을 만나기 위해 콘서트장이나 팬 미팅에 나가기도 하고, 영화촬영지를 방문하며 대리만족을 느끼기도 하는데 그것이 진정한 한국문화의 진수를 맛보는 것일까요?

한국 내에서도 많은 각성의 목소리가 높아지고 있어요. 어떤 단편적인 대중문화의 흥행에 따른 무계획적인 인기몰이가 아니라 세계 속에 한국의 국격을 높일 수 있는 정책이 필요할 때이죠.

그것을 위해 한국 전통문화를 제대로 발굴하여 알리고 세계인에게 한국의 정신문화까지도 전달할 수 있는 한류문화 콘텐츠를 제작해야 할 거예요.

또한 일시적인 한국어 배우기가 아니라 제대로 된 번역과 연계하여 세계인들이 한국 전통문화를 올바르게 체험할 수 있는 장이 마련되어야 할 거예요.

☯ 韓流

　「韓流」という言葉は21世紀に入って韓国の大衆文化が世界的に人気を集め、特に、K-popやドラマ・映画などが、中国をはじめ、東南アジアでブームを巻き起こして形成されました。

　正確に言うと、「韓流」という表現を初めて使ったのは中国のメディアであり、韓国で生まれた言葉ではありません。ですから、広く使われてはいますが、この言葉を使うことについて一度考え直す必要があります。

　しかし、韓流、韓流熱風といった表現から得られる国際的なイメージや広報におけるポジティブな効果はこれからも最大に活用すべきでしょう。

　一時期、「韓流熱風」は日本だけではなく、アジアを越えてヨーロッパやアメリカにも広がり、人々をK-pop競演大会や韓国ドラマ・映画などに熱狂させ、多くの人の韓国語勉強のきっかけを作りました。

　その熱気は2000年代に入ると少し下火になりましたが、2013年12月18日初放送されたドラマ「星から来たあなた」と2016年2月24日に初放送された「太陽の末裔」によって盛り返しています。

　ところで、韓流に熱狂している世界の人々は、どこから本当の韓国の姿や文化を見つけることができるでしょうか。

　歌や踊りに興じたり、自分が好きな芸能人に会うためにコンサート会場やファンミーティングを訪れたり、映画ロケ地などを訪れることで代償満足を得ますが、果たしてそれで韓国の文化の真髄を味わっているといえるのでしょうか？

　韓国でもそのようなことを懸念する声が高まっています。これからは断片的な大衆文化のブーム頼みの無計画な人気取りではなく、世界で韓国という国のステータスを上げるための政策が求められています。

　そのためには、韓国の伝統文化を見いだして広く知らしめ、ひいては韓国の精神文化をも伝えることができる韓流文化のコンテンツを作るべきではないでしょうか。

　また、一時的な韓国語学習ではなく、正確な翻訳と連携することで、世界人が韓国の伝統文化を正しく体験することができる場を整えなければなりません。

◉ The Korean wave

The term 'Korean wave' or 'Hallyu' has emerged since Korean popular culture started to gain global popularity in the early 21th century, especially when K-pop, K-drama and K-movie began to trend across from China to Southeast Asia.

Correctly speaking, the term, 'Korean wave', was first created by Chinese media, not by Korea, which suggests that the appropriacy of the terminology has room for reconsideration despite its prevalence.

Although, when it comes to international image or positive publicity effects such expressions as 'Korean wave' or 'Korean wave fever' create, they should be maximized and maintained that way.

When zealously promoting for a K-pop contest, a K-drama or a K-movie, the Korean wave motivates Korean language learning for some time not only as close as in Japan but also as far as in Europe and the USA.

Though having dwindled a bit in the beginning of the 2000s, the fever is knocking on the door again, armed with the drama <A Man from Another Star>, first televised on December 18, 2013 and another drama <Descendants of the sun>, first televised on February 24, 2016.

Where can those who are enthusiastic about the Korean wave find genuine aspects of Korea and its culture?

They go to concerts and fan meeting places to meet their favorite stars and sing and dance together joyfully, as well as visit filming locations to feel as if they were part of the show: Can these be true ways for them to taste authentic Korea?

There has been an increasingly loud call for self-examination in Korea as well. It is time not for promoting a fragmentary success to gain public interest in pop culture but for formulating a policy to raise the national status of Korea.

To accomplish this, it is necessary to produce cultural media within the Korean wave which can properly excavate and spread the Korean traditional culture as well as convey the Korean spiritual culture to the world.

We shouldn't strive for the temporary learning of the Korean language, but rather, for the proper experience of Korean traditional culture, accompanied by proper translations.

스스로 학습평가 · 自ら学習評価 · Self-Evaluation

◎한류는 뭐예요?

◎좋아하는 한국 드라마나 영화에 대해 써 봅시다.

◎좋아하는 한국 음악과 가수에 대해 이야기해 봅시다.

◎한국 드라마, 음악, 영화 외에 한국의 우수한 문화는 무엇이 있을까요?

제11과
태권도는 마음수양에도 좋아요

걷

학습목표 한국의 대표적인 스포츠를 알 수 있다.
한국의 수행 문화를 알아본다.

본문 대화 · 会話 · Unit Dialogue

가 : 마이클 씨 빨리 오세요. 경기를 시작하려고 해요.

나 : 오늘 경기가 준결승이죠?
　　 저희 선수들이 나오니까 더 기대가 돼요.

가 : 저도 같이 응원해 줄게요.

나 : 저희 선수들이 이겨서 꼭 결승에 올라갔으면 좋겠어요.
　　 그런데, 한국의 대표적인 스포츠가 태권도죠?

가 : 네, 양궁과 더불어 전 세계적으로 유명하지요.

나 : 태권도는 몸을 단련하기 위해 좋은 운동인 것 같아요.

가 : 네, 태권도는 몸을 단련할 뿐만 아니라 마음수양에도 좋아요.

나 : 저도 몸과 마음을 위해 태권도를 배워 볼까요?

어휘와 표현 · 語彙と表現 · Words & Expressions

한글	にほんご	English
결승	決勝(けっしょう)	final
준결승	準決勝(じゅんけっしょう); セミファイナル	semifinal
선수	選手(せんしゅ)	player; athlete
기대하다/되다	期待(きたい)する; 当(あ)て込(こ)む	expect; anticipate
대표적인	代表的(だいひょうてき)	representative; typical
스포츠	スポーツ	sport(s)
운동	運動(うんどう)	exercise; workout
단련하다	練(ね)る; 鍛(きた)える	train; cultivate
유명하다	有名(ゆうめい)だ	famous
더불어	いっしょに; 共(とも)に	together
세계적으로	世界的(せかいてき)に	worldwide; globally
태권도	テコンドー	taekwondo
양궁	アーチェリー	archery
올라가다	上(あ)がる	go up
내려가다	下(さ)がる	go down

한글	にほんご	English
경기	試合(しあい)	game; event; match
이기다	勝(か)つ	win; beat
지다	負(ま)ける	lose; be defeated
응원하다	応援(おうえん)する	cheer; support
마음수양	心(こころ)の修養(しゅうよう)	cultivating one's mind
단순히	単純(たんじゅん)に; 単(たん)なる	simply; only

1) ~은/는 ~에 좋아요
    한국 드라마는 한국어 공부에 좋아요.

   * ~은/는 ~에 도움이 돼요.
     한국 드라마를 보는 것은 한국어 공부에 도움이 돼요.

2) ~은/는 ~ 뿐만 아니라 ~ 도
    이 사과는 맛이 좋을 뿐만 아니라 가격도 싸요.
    마타오 씨는 말을 잘 할 뿐만 아니라 노래도 잘 불러요.

함께 해 보기 · やってみよう · Let's Together

1) 한국어 공부에 도움이 되는 것은 무엇이 있을까요?

보기 : 한국 영화를 보는 것은 한국어 공부에 도움이 돼요.

2) 여러분이 좋아하고 즐기는 스포츠는 무엇이에요?
  그 스포츠는 어떤 점이 좋아요?

보기 : 양궁은 몸의 중심을 잡아 줄 뿐만 아니라 집중력도 길러줘요.

☯ 한국의 '수행 문화' 들어 본 적 있나요?

흔히 '운동', '스포츠'라고 하면 육체 즉 몸을 먼저 떠올리게 됩니다. 그러나 잠시 생각해 보면 몸과 마음이 밀접한 관계가 있음을 알 수 있어요.

1990년대에 들어서면서 지구촌에는 정신적 풍요와 행복, 자기만족이 삶의 중요한 척도로 떠오르기 시작했어요.

이러한 의식과 구체적인 행동 방식을 총체적으로 가리키는 말이 웰빙(well-being)[1]입니다.

삶의 주된 관심사가 건강문제로 초점이 맞춰지면서 그 영향으로 2000년대 이후 한국에서도 웰빙 바람이 불었어요. 지금도 그와 관련된 식품이라든지 여가 산업이 활기를 띠고 있습니다.[2]

그런데 진정으로 건강하게 잘 사는 방법은 없을까요? 경제적 제약도 없으면서 남녀노소 누구라도 할 수 있는 방법이 정말 없을까요? 그 효율적인 방법으로 한 가지를 제시하고자 합니다.

한때 전 세계적으로 '명상'이 주목받던 시기가 있었는데요, (그런 종류의 자기 수양을 meditation으로 번역되지만 사실 contemplation에 가깝고, meditation은 수행으로 번역되어야 하는 말로) 명상도 수행修行의 하나입니다. (그래서) 명상을 얘기하고자 하는 것이 아니라 수행을 얘기하려 합니다.

수행은 '닦을 수'에 '행할 행' 자입니다. 닦음을 행하는 것인데, 무엇을 닦는다는 말일까요?

수행은 다른 말로 수련修練이라고 하는데, 전통적으로 동방문화에서는 수련이라고 할 때는 '자기 심법을 연마하는 것'을 일컬어요. 또한 '수도修道'라고도 하는

---

1) 원래 웰빙은 미국의 중산층이 첨단 문명에 대항하여 자연주의, 뉴에이지 문화 등을 받아들이면서 대안으로 선택한 삶의 방식인데, 이제는 생활 속에서 명상, 요가, 피트니스 클럽, 나아가 등산이나 캠핑을 즐기면서 먹는 것에도 관심을 기울이는 것으로 변화되었다.

2) 식품의약품안전처에 따르면 2012년에 국내 건강기능식품 시장규모를 조사한 결과 2008년부터 5년간 연평균 17%이상 증가 추세를 보였으며, 2014년에 재조사한 결과 2013년에는 전년대비 5%가 증가한 것으로 나타났다. 건강기능식품에 대한 수요가 예전보다는 줄었지만 여전히 증가 추세에 있고, 그 외 다른 방법으로 건강을 유지하려는 시도들이 늘어나고 있다.

데, 이 경우에는 '도를 닦는다'라고 구체적으로 도가 언급된 표현입니다.

수행 문화에는 소리의 유무에 따라 두 가지로 나눌 수 있어요.

하나는 명상이나 참선과 같이 어떠한 소리를 사용하지 않는 수행이며, 다른 하나는 주문이나 경전 등을 외우는 방법을 사용한 수행이에요.

그 중에서도 한민족 원형문화 시대의 '주문 수행'을 소개해 줄게요.

주문呪文은 '빌 주', '글월 문'인데, 그냥 단순한 글을 읽고 외는 것이 아니라 영성을 회복할 수 있으며 모든 고통으로부터 몸과 마음을 치유할 수 있는 신성한 글을 전제로 하고 있어요.

그래서 캐나다에서 활동하고 있는 여성 영성운동가 스와미 시바난다 라다(Swami Sivananda Radha : 1911~1995)는 주문을 '영적 에너지의 핵을 형성하는 신성한 음절들의 조합'이라고 했어요.

그런 의미에서 동서의 종교에서 반복하는 기도와 찬양의 노래, 불교의 경전을 읽는 것도 모두 주문 역할을 한다고 할 수 있어요. 그럼, 수행은 어떤 원리로 하는 것일까요?

우리가 앞에서 음양오행을 배웠어요. 인간도 음양체로서 인간 생명을 유지해 주는 2대 동력원으로 물과 불을 가지고 있어요. 바로 수행은 그 물과 불의 순환, '수승화강'의 원리로 이루어집니다.

일반적으로 인간은 아침에 깨어 낮이 되면 활동을 하고 밤이 되면 잠을 자면서 휴식을 취합니다. 잠을 자는 동안 심장 불기운의 음이 신장 물 기운의 양 속으로 되돌아가면서 수승화강이 일어나게 되지요.

그러면서 낮 동안 소모된 에너지가 다시 충전이 되어 새로운 날을 맞을 수 있게 하지요. 그런데 바쁜 현대인들이나 늘 잠이 부족한 사람들이 건강을 유지하기란 쉽지 않아 보여요. 그런데, 수행은 잠을 잔 것 이상으로 수승화강을 만들어, 건강한 몸과 마음을 만들어 준답니다.

허리를 반듯하게 펴고 바른 자세로 앉아 모든 생각과 감정을 끊고 호흡을 고르게 조절하고 자신이 알고 있는 주문을 외우기만 하면 됩니다. 자신이 만들어 내는 소리를 온몸의 세포가 듣게 되면서 몸과 마음이 깨어나고 활력을 받게 되지요.

인터넷에서 지금 바로 '주문 수행'을 검색해서 자신에게 맞는 수행을 시작해 보는 건 어떨까요?

● 韓国の「修行文化」について聞いたことがありますか？

　一般的に「運動」、「スポーツ」といえば肉体、つまり体のことを思い浮かべます。しかし、よく考えれば、心と体は密接的な関係にあるということが分かるでしょう。

　1990年代に入り、世界的に精神的な豊かさや幸せ・自己満足が人生の重要な基準になる流れが生まれました。

　このような意識とその具体的な行動を統合して表すのがウェルビーイング[1]です。

　人生における主な関心の対象として健康が注目されるようになり、2000年以降、韓国でもウェルビーイングブームが起こりました。今も関連のある食品やレジャー産業が活気にあふれています。[2]

　ところで、本当の意味で健康に長生きする方法はないのでしょうか。経済的な制約もなく、老若男女だれでもができる方法はないのでしょうか。効率の良い方法を一つご紹介したいと思います。

　一時期、瞑想が世界的に注目を浴びましたが、瞑想も修行の一つです。最近よく耳にするメディテーションは本当は瞑想ではなく修行のことを意味します。ですから、ここでは瞑想ではなく、修行について話したいと思います。

　修行とは「磨くという意味の修」に「行うという意味の行」の字を合わせて作られた言葉ですが、いったい何を磨くというのでしょうか？

　修行を「修練」とも表現しますが、伝統的に東方の文化において「修練」とは、「自分の心を磨く」ことを意味します。また「修道」ともいいますが、この場合は

---

1)「ウェルビーイング」とは本来、アメリカの中産階級が先端文明に対抗して自然主義・ニューエイジなどを受け入れることによって生まれたライフスタイルを指す言葉でしたが、今は生活の中で瞑想・ヨーガ・フィットネスクラブ・登山やキャンプなど、様々なことを楽しみながら食にも関心を注ぐ方向へと変わりました。
2)食品医薬品安全処によると、2012年に韓国内の健康機能食品の市場規模を調査した結果、2008年から5年間、毎年平均17％以上増加していたことがわかりました。2014年の再調査の結果、2013年には前年に比べて5％増加していることがわかりました。健康機能食品に対する需要が以前よりは減ったものの、依然として増加傾向にあり、それ以外の方法で健康の維持に努めようとする割合が高まっている。

「道を磨く」といい、具体的に「道」という言葉が言及された表現です。

　韓国文化の中で修行文化は音の有無によって二つに分かれます。一つは瞑想や座禅のように音を出さない修行であり、もう一つは呪文やお経などを唱える修行です。

　その中でも韓民族の原形文化時代から行われた「呪文修行」をご紹介します。

　呪文は「吸う」という意味の「呪」と、文章という意味の「文」で構成された言葉ですが、単に文章を読み唱えるのではなく、霊性の回復やすべての苦痛からの心身の治癒を可能とする神聖な文であることを前提としています。

　カナダで活動していた霊性運動家スワミ・シバナンダ・ラーダ(Swami Sivana-nda Radha, 1911~1995)は、呪文を「霊的なエネルギーの核を形成する神聖な音節の組み合わせ」と表現しました。

　その意味では、東西の様々な宗教で繰り返す祈祷や讃美歌、仏教のお経も呪文の役割を果たすといえます。それでは、修行はどのような原理で行うのでしょうか。

　前章で陰陽五行について学んだように、人間自体も陰陽体であり、人間の生命を維持する動力源として「火」と「水」を持っています。修行はその「火」と「水」の循環、「水昇火降」の原理に基づいて行われるのです。

　普通、人間は朝になると目覚め、昼に活動し、夜になると寝て休息を取ります。寝ている間に、心臓の火の気運(陰)が腎臓の水の気運(陽)に戻りながら、「水昇火降」が行われるのです。

　その過程を経て、昼の間消耗されたエネルギーが再び補充され、新しい日を迎えさせます。しかし、忙しい現代人や慢性的に睡眠不足の人々にとって健康を維持することはそう簡単ではありません。ところが、修行をすれば睡眠を取ること以上に「水昇火降」の効果を出すため、心と体を健康にすることができます。

　やり方は簡単です。背中を伸ばして正しい姿勢で座り、あらゆる思いや感情を切り離して呼吸を整え、自分が知っている呪文を唱えるだけでいいのです。自分の声を全体の細胞に聞かせることで心と体が目覚め、活力が得られます。

　今すぐインターネットで「呪文修行」を検索して自分に合った修行を見つけてみてはいかがでしょうか？

☯ Have you ever heard of Korean 'meditation culture'?

When one hears the words 'exercise' or 'sport', they usually think of the physical body first. However, if you ponder it over for a moment, you may notice that the body and mind have a close relationship.

Since the beginning of the 1990s, the spiritual abundance, happiness, and self-satisfaction have become important criteria of life.

'Well-being' refers to the awareness of this as well as the following detailed behavior patterns in a general.

In Korea, attention has been turned to health issues, resulting in a wave of well-being[1] awareness in Korean society since the early 2000s, and a boom in the relevant food and leisure industries.[2]

How can we authentically live well and stay healthy? Is it truly impossible to find a method available not only inexpensively but also regardless of sex or age? Here we suggest one of those effective ways.

There was a time when 'myeongsang瞑想' attracted public attention all over the world. (A form of self-discipline usually translated as 'meditation', it is actually closer to the word 'contemplation', and 'meditation' should be translated into 'Suhaeng修行', instead). Contemplation is also a type of meditation. We will now discuss not 'contemplation', but rather 'meditation'.

The words 'Su修' and 'Haeng行' mean 'cultivating' and 'performing', respectively, that is to say, performing the cultivation. But, what specifically needs cultivating?

To find out, let's take a better look through another name, 'Suryeon修練', which refers to cultivating one's own mind in traditional Eastern culture. It can be called 'Sudo修道' as well, which means "cultivating dao". In this case, 'dao' comes up directly in the expression.

There are two kinds of Suhaeng, that is, meditation cultures in Korea. One is

---

1) 'Well-being' is a life-style, originally from the American middle class which was against high-tech civilization. Instead, they chose to accept several new ideas like naturalism, and New age culture into their lives. Now, the meaning of the term has changed to mean not only doing meditation, yoga, and joining fitness clubs, but also hiking up mountains or camping, while watching one's diet.

2) According to the Ministry of Food and Drug Safety, a report which surveyed the domestic scale of the health/functional food market in 2012 shows that for 5 years from 2008, its annual average has increased more than 15%. The reexamination in 2014, showed a 5% increase in 2013 over the previous year. Although the demand of health and functional food hasn't increased at a rate as before, it is still on the rise. People are increasingly trying other methods to stay healthy.

soundless meditation, such as contemplation and Zen meditation and the other is sound meditation, which practice chanting mantras and reading scriptures.

We introduce one of these, the 'mantra meditation' from the Korean archetypal culture.

Though the literal meaning of Jumun呪文 is 'sucking' and 'letters' respectively, they postulate sacred syllables by which the body and mind can be delivered from agony and one's spirituality can be recovered.

Thus, Swami Sivananda Radha(1911~1995), a female spirituality activist in Canada, once defined 'mantra' as the combination of sacred syllables forming the nucleus of spiritual energy.

In that sense, everything from repeating prayers or singing hymns to reading Buddhist scriptures can be considered as chanting mantras. What are the principles through which one can practice meditation?

We previously learned about yin and yang. As another instance of yin and yang, the human body has two main power sources, water and fire, which sustain the human biology. Suhaeng works though the very principle of water-fire circulation, that is, Ascending Water - Descending Fire.

Generally, human beings wake up in the morning, move actively at daytime, and finally, sleep at night to rest. During sleep, the yin in the fire qi of the heart returns to yang in the water qi of the kidneys, generating Ascending Water - Descending Fire.

In the meantime, the energy depleted during the daytime is recharged to prepare for the next day. Thus, contemporary people who suffer from a lack of sleep may find it uneasy to keep healthy. Meanwhile, meditation better helps develop Ascending Water - Descending Fire in the body than sleeping does. Therefore, practicing meditation can be very helpful in cultivating a sound body and mind.

Straighten up your upper body, sit properly, cut off all thinking and emotions, control your breathing, and just chant any mantra that you know. When the cells all throughout your body hear the sound you are making, both your body and mind will get refreshed and revitalized.

Why not search for 'mantra meditation' on the Internet and start up the mantra meditation which best works for you right now?

스스로 학습평가 · 自ら学習評価 · Self-Evaluation

◎한국의 대표적인 스포츠는 뭐예요?

◎한국의 운동선수 중에 아는 사람이 있어요?

◎수행은 무엇이에요?

◎여러분의 나라에서 즐기는 스포츠와 한국 스포츠에 대해 이야기해 보세요.

◎여러분이 좋아하는 스포츠를 소개해 주세요.

제12과
한번 따라해 보세요

걷

학습목표 한국 전통 놀이에 대해 알아본다.
사물놀이와 윷놀이의 의미를 알 수 있다.

가 : 고은 씨 저쪽에 사람들이 많이 모여 있어요.
그리고 북소리도 들리고 함성도 들리는 것 같아요.

나 : 네. 동네 사람들이 모여서 뭔가 하는 것 같아요.
우리 가 볼까요?

가 : 모두 신나서 같이 춤도 추고 있어요.

나 : 한국의 전통 놀이 중의 하나인 사물놀이를 하고 있군요.

가 : TV에서는 봤는데 실제로 보는 것은 이번이 처음이에요.

나 : 마타오 씨 장구 한번 쳐 볼래요?

가 : 네. 그런데 두 손을 다 사용해서 좀 어려워요.

나 : 그럼, 제가 하는 대로 한번 따라해 보세요. 이렇게요.

어휘와 표현 · 語彙と表現 · Words & Expressions

한글	にほんご	English
북	太鼓(たいこ)	drum
장구	鼓(つづみ)	*janggu*; double-headed drum with a narrow waist in the middle
징	鉦(しょう); 銅鑼(どら)	*jing*; gong
꽹과리	手持(ても)ちの鉦(かね)	*kkwaenggwari*; (small) gong
사물놀이	サムルノリ	*samulnori*; (Korean) traditional percussion quartet
윷놀이	ユンノリ	playing yut; a game of yut
함성	喊声(かんせい); ときのこえ	cry; shout; roar; yell
들리다	聞(き)こえる; 耳(みみ)に触(ふ)れる	be heard
신나다	浮(う)かれる; 興(きょう)になる	excited
(악기를) 치다/두드리다	弾(ひ)く	play musical instrument
따라하다	ならってする	follow; repeat (after)

1) ~한번 해 보세요.

캐빈 씨, 아직 김치 먹어 본 적 없지요?
오늘 <u>한번</u> 먹어/드셔 <u>보세요</u>.

제가 태권도 시범을 보여 드릴게요.
저를 보고 <u>한번</u> 해 <u>보세요</u>.

자, 기본 동작을 배웠으니, 이제 한번 음악에 맞춰 춰 보세요.
이 바지보다 저 치마가 더 잘 어울릴 것 같아요.
치마를 한번 입어 보세요.

함께 해 보기 · やってみよう · Let's Together

1) 사물놀이의 악기들은 무슨 소리를 나타낼까요?

	음양 관계	상징 자연물	신체 영향
북	태음	구름	오장육부
장구	소음	비	신장과 방광
꽹과리	태양	천둥	머리
징	수양	바람	가슴

2) 보기처럼 문장을 만드세요.

> 보기 : 번지 점프   재미있다.
>
> 아니요 무섭다 못하다   네   정말 해 보고 싶다
>
> ⇨ 번지 점프를 한번 해 보세요. 재미있어요.
>
> 네. 정말 한번 해 보고 싶어요.
>
> 아니요. 저는 무서워서 못해요.

① (포항에 왔으니)   물회   먹다
  네   먹고 싶다   아니요. 회   못 먹다

② (오랜만에 놀이공원에 왔으니), 바이킹 타다   정말 신나다

③ (12지지를 배웠으니), 처음부터   외우다

④ _____해 보세요.

☯ 윷놀이에 담긴 의미

한국의 전통 놀이 중에 윷놀이를 소개합니다.

본래 설날이나 정월대보름 때 가족이나 마을 사람들이 함께 모여 놀던 놀이입니다.

그러나 지금은 명절과 같이 특별한 날이 아니라도 즐길 수 있는 전통놀이가 되었어요.

그 이유는 놀이 도구와 노는 방법은 간단한 반면, 그 속에 담긴 이치는 신비롭기 때문이라고 생각해요.

먼저, 윷놀이에 필요한 도구를 알아볼까요? 윷, 윷판, 윷말이 있으면 됩니다.

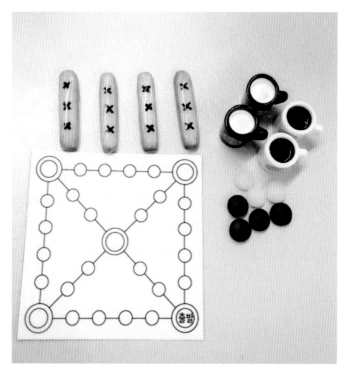

그럼, 이제 노는 방법을 알아볼까요?

윷은 윷가락이라고도 하는데, 이 윷 네 개를 던져서 말을 움직입니다. 상대방보다 먼저 모든 말이 들어오게 되면 이기게 됩니다.

아마도 주사위를 본 적이 있을 거예요. 주사위는 1부터 6까지 숫자가 있는데 그것을 가지고 주사위 놀이를 하죠. 기본적인 원리는 그것과 비슷하게 보이지만, 윷놀이는 윷 네 가락을 던져서 나오는 모양에 따라 숫자가 결정됩니다.

아래 그림은 윷을 던졌을 때 나오는 모습들이며, 우리는 그것을 도, 개, 걸, 윷, 모 라고 부릅니다. 윷을 던진다고도 말하지만 '윷을 친다'라고도 해요.

그리고 윷을 던져 윷이나 모가 나왔을 때는 한 번 더 윷을 던지게 됩니다. 그리고 말이 상대방의 말을 잡았을 때도 한 번 더 윷을 던질 수 있어요.

	도	**'돼지'를 상징** 앞으로 1칸 전진
	개	**'개'를 상징** 앞으로 2칸 전진
	걸	**'양'을 상징** 앞으로 3칸 전진
	윷	**'소'를 상징** 앞으로 4칸 전진하고, 윷을 한번 더 친다.
	모	**'말'을 상징** 앞으로 5칸 전진하고, 윷을 한번 더 친다.

미국의 민속학자 스튜어트 컬린은 '한국의 윷놀이는 전 세계에 존재하는 수많은 놀이의 원형'으로도 볼 수 있다고 했고, 신채호는 윷판을 일컬어 군사가 중앙을 위시하여 전후좌우로 진을 짜서 나아가는 단군 시대의 출진도라 설명하면서, 도 개

걸 윷 모라는 명칭의 유래를 오가 조직으로 보고 있어요.[1] 여러분도 그렇게 느껴지시나요?

자, 윷판을 가만히 들여다봐요! 무엇이 보이나요?

둥근 바깥은 하늘이고 모진 안쪽은 땅으로 하늘이 땅을 둘러싼 모습이지요. 윷판은 바로 하늘과 땅을 담고 있는 우주의 모습입니다.

가운데 한 점은 우주의 중심별인 북극성을 뜻하고, 주위 28점은 동서남북 사방으로 펼쳐진 28수의 별자리를 나타냅니다.

윷가락의 경우도 한 면만을 사용하는 것이 아니라 둥근 면과 평평한 면의 음양작용을 통해 총 4개의 윷가락이 보여주는 변화의 조합을 따르는 겁니다.

한국 윷놀이에는 자연이치인 음양과 우주의 모습을 그대로 담고 있기에 그 옛날부터 지금까지도 사랑을 받고 있는 것이 아닐까요?

---

1) 『환단고기』 역주본. 상생출판. 2012. 454쪽 참고

☯ ユンノリに秘められた意味

　韓国の昔ながらの遊びの一つ、ユンノリをご紹介します。

　本来、旧暦のお正月や1月15日の小正月に家族や村の人々が興じた遊びです。

　しかし、今では盆や正月といった特別な日ではなくても楽しめる遊びになりました。

　それは、道具と方法が単純ながらも、そこに秘められた理は神秘的なものだからだと思われます。

　まず、ユンノリに必要な道具から見てみましう。ユッと呼ばれる4本の木の棒、ユッパン(ボード)、ユンマル(駒)があれば始めることができます。

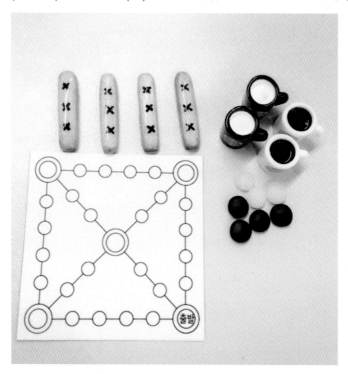

　それでは、次に遊び方を見てみましょう。

　ユッはユッカラッともいいますが、この4本のユッを投げて、駒を動かします。相手より早くすべての駒が出発点に戻れば勝ちです。

皆さん、サイコロはご存知ですよね?サイコロは1から6までの目が刻まれていて、それを転がして遊ぶでしょう。基本的な原理はそれと似ていますが、ユンノリは4つのユッを投げて出てきた組み合わせによって駒の動く数が決まります。

　下の絵はユッを投げた時、出てくる組み合わせであり、それぞれ「ト」、「ケ」、「コル」、「ユッ」、「モ」と呼びます。「ユッを投げる」ともいいますが、「ユッを打つ」ともいいます。

　そしてユッを投げて「ユッ」や「モ」が出た時にはもう一度投げることができます。また、相手の駒を取った時にももう一度投げられます。

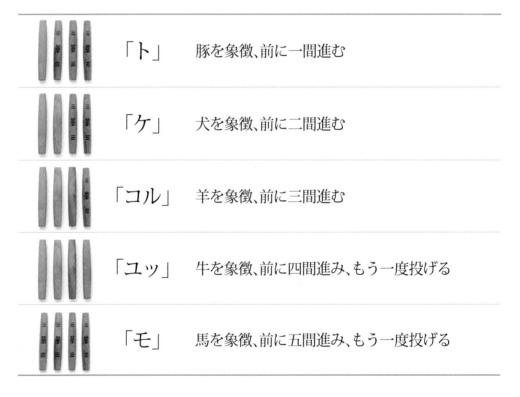

	「ト」	豚を象徴、前に一間進む
	「ケ」	犬を象徴、前に二間進む
	「コル」	羊を象徴、前に三間進む
	「ユッ」	牛を象徴、前に四間進み、もう一度投げる
	「モ」	馬を象徴、前に五間進み、もう一度投げる

　アメリカの民俗学者スチュワート・キューリン(Stewart Culin、1858-1929)は、「韓国のユンノリは世界中に存在する数多くの遊びの原形」といい、申采浩(シン・チェホ、1880-1936)はユッパン(盤)を指して、軍隊が前後左右に陣を組んで進軍する様子を表した檀君時代の出陣図だと説明し、ト・ケ・コル・ユッ・

モという名称は当時の五家組織に由来すると述べました。皆さんはどう思われますか?

　ユッパン(盤)をよくご覧ください。何が見えますか?外側の円は天、四角の内側は地で、天が地を囲んでいるような形ではありませんか?ユッパンは天と地の姿を含んでいる宇宙の姿です。

　真ん中の点は宇宙の中心の星である北極星であり、周りの28の点は東西南北に広がった28宿の星々を意味します。

　ユッの場合も、一面だけを使うのではなく、丸い面(陽)と平らな面(陰)の陰陽作用を通じて、4本のユッの変化の組み合わせで判断します。

　ユンノリには自然の理である陰陽と宇宙の姿が秘められているため、今も変わらず愛されているのではないでしょうか。

◉ The hidden meaning behind Yunnori

Yunnori is a traditional game of Korea.

Families or villages would originally get together and play during Lunar New Year's Day or *Jeongweol Daeboreum*, the 15th day of the New Year.

But now, it isn't just for special occasions and traditional holidays, as it has simple rules and can be played with simple objects, all the while embodying mysterious principles.

The tools needed for *Yunnori* are : 4 *yut*s, a *yut* board, and several *yunmal*s(or playing pieces). That's all!

So, how do you play?

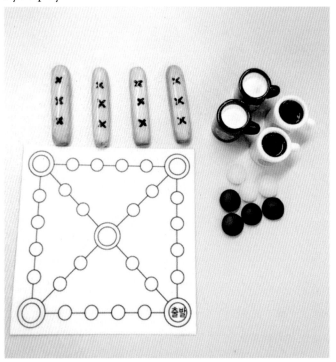

Another name for '*yut*' is '*yutgarak*'. The 4 *yutgarak*s are thrown to determine how far a *mal* (or piece) can advance. The game is won by the team who brings all their *mal*s home faster than their opponents.

You have probably seen dice. There are numbers 1 through 6 on a die. The number shown on top of the die is then played during the game. The same principle goes for the yutgaraks. But in this case, the number is determined according to the combinations after they are thrown.

The following picture shows the combinations resulting from tossing 4 *yut*s. The combinations are *do*, *gae*, *geol*, *yut*, and *mo* in order. When *yutgarak*s are thrown, the verb 'develop or support'(*chida*) can be used instead of 'throw'(*deonjida*).

A *yut* or a *mo* gives the player a free toss, as well as having. One of your *mal*s catch up to one of your opponents.

	Do	Symbolic of 'pig' One space advancement
	Gae	Symbolic of 'dog' Two space advancement
	Geol	Symbolic of 'sheep' Three space advancement
	Yut	Symbolic of 'cow' Four space advancement Another chance of throwing the sticks up again
	Mo	Symbolic of 'horse' Five space advancement Another chance of throwing the sticks up again

Stewart Culin(1858~1929), an American ethnographer, said that *Yunnori* could be regarded as the archetype of countless games throughout the world. Sin Chae-ho(1880–1936) explained the *yut* board as a Chuljindo of the Dangun era, which would show a military advance in all directions from an organized battle formation in the center. He also believed that the names 'do', 'gae', 'geol', 'yut', and 'mo' were derived from an Oga organization in the Dangun era.[1] What do you think?

Look closely at this yut board. What do you see? The outer circle symbolizes heaven and the inner square symbolizes the earth, showing heaven surrounding

---

1) <Hwandangogi> the translated and annotated edition. Sangsaeng Publishing. 2012. referring p454.

the earth. The *yut* board represents the shape of the universe embracing heaven and earth.

The point in the middle represents the North Star, which marks the center of the universe. The 28 points around it represent the lunar mansions which are spread towards the four cardinal directions: north, south, east and west.

As for the *yutgarak*, the 4 of them together reveal the changeable combinations through the interactions of yin(the flat side) and yang(the round side).

In Korean *Yunnori*, the natural principle of yin and yang as well as the shape of the universe remain intact. That is probably the reason why *Yunnori* has been loved since the ancient times, isn't it?

스스로 학습평가 · 自ら学習評価 · Self-Evaluation

◎사물놀이에는 무슨 악기들이 있어요?

◎사물놀이의 악기는 자연의 어떤 소리를 가지고 있나요?

◎사물놀이 외에 한국의 전통 놀이에는 무엇이 있는지 찾아보세요.

◎윷놀이의 도, 개, 걸, 윷, 모는 어떤 동물을 말하나요?

◎여러분 나라의 전통 악기를 알려 주세요.

제13과
아리랑 노래를 가르쳐 주시겠어요?

학습목표 한국의 전통 음악에 대해 알아본다.
아리랑 노래를 부를 수 있다.

가 : 마이클 씨 무얼 듣고 있어요?

나 : 네. 가수 싸이의 '강남 스타일'을 듣고 있어요.
저 이 춤도 출 줄 알거든요.
사실은 다음 주에 부모님이 캐나다에서 오시는데 한국 노래를
불러 드리려 하는데 아직 결정을 못했어요.

가 : 음. 부모님이 어떤 노래를 좋아하세요?
저희 부모님은 한국 전통 음악을 좋아하는데...

나 : 저는 K-pop을 좋아하는데, 저희 부모님이 K-pop을
좋아하실지 모르겠어요. 뭔가 한국의 독특한 노래면 좋을 것
같아요.

가 : 그럼, 우리 한국어 선생님께 한국의 대표 민요인 아리랑을
가르쳐 달라고 하면 어떨까요?

나 : 좋은 생각이에요. 그걸 열심히 배워서 부모님 앞에서
불러야겠어요.

가.나 : (두 사람은 선생님에게 간다)
선생님, 아리랑 노래를 좀 가르쳐 주시겠어요?

어휘와 표현 · 語彙と表現 · Words & Expressions

한글	にほんご	English
국악	国楽(こくがく) (韓国の固有音楽)	*gukak*; Korean classical[traditional] music
민요	民謡(みんよう)	folk song
판소리	パンソリ	pansori; a kind of Korean folk play
대중가요	歌謡(かよう); ポピュラーソング	popular song
트로트	トロット	teuroteu
대중 음악	ポピュラー音楽	popular music
전통 음악	伝統音楽(でんとうおんがく)	traditional music
결정하다	決(き)める	determine; make a decision
독특하다	独特(どくとく)だ	unusual; distinctive; unique; particular

1) ~(ㄴ)는데

　① 고은 씨, 저 감기가 걸린 것 같은데 일찍 좀 집에 가도 되겠어요?

　② 제가 금방 자료를 찾아 드릴 수 있는데 잠시만 기다리시겠어요?

　③ 이거 너무 매운데 물 좀 주세요.

　④ 지금 우체국에 가는데 심부름 시키실 것 없어요?

　⑤ 어제 도서관에 가 봤는데 그 책은 대출 중이었어요.

함께 해 보기 · やってみよう · Let's Together

1. 보기처럼 해 보세요.

> 보기 : 두 손을 쓸 수 없다. 문 열다
> ⇨ 두 손을 쓸 수 없는데, 문을 좀 열어주시겠어요?

1) 아파서 그러하다.   대신   학회에 참석하다

2) 행사가 시작하다.   빨리 들어가다

3) 지갑을 안 가지고 오다.   돈을 빌려 주다

4) 너무 무겁다.   함께 들다

5) 소리가 너무 크다.   조용히 하다

2. 다음을 보고 서로 이야기해 봅시다.

> 판소리 – 이야기가 있는 노래

판소리에는 소리꾼, 고수, 청중이 꼭 있어요.
소리꾼이 몸짓과 말, 노래로 엮는 이야기 음악이 판소리랍니다.

　판소리는 '판을 벌이다.'의 '판(넓은 터)'과 '소리'가 합쳐진 말이에요. 즉, 넓은 무대에서 소리꾼이 북장단에 맞추어 몸짓과 말, 노래를 섞어가며 표현하는 음악극이라는 뜻이지요. 이때, 북을 치는 사람을 '고수', 노래하는 사람을 '소리꾼'이라고 해요. 소리꾼은 본격적인 판소리를 하기 전에 먼저 목을 가볍게 풀기 위한 짧은 노래를 부르는데, 이를 '단가'라고 해요. 단가는 자연의 아름다움이나 인생의 무상함 등을 노래한 것이 많았대요.

참고 – 우리나라의 전통적인 극음악 (음악미술 개념사전, 2010. 7. 12.)

☯ 아리랑에 대해서 더 알아봐요~

　요즘 YouTube를 검색해 보면, '세계인이 부른 아리랑'이라고 해서, 자신들만의 리듬을 만들고 재해석하여 부른 각색의 아리랑을 만날 수 있어요. 그런데, 이 아리랑은 단순한 노래일까요?

　오늘날까지 대한민국 국민의 가슴에 깊이 남아있는 아리랑에 대해 얼마나 알고 계시나요?

　천천히 부르면 슬프고 빠르게 부르면 흥이 나는 아리랑, 이 노래는 조선 중종 때인 1550년에 강원도 정선 지방에서 불렀다는 기록이 있지만 그 기원은 아직 알려지지 않고 있죠.

　아리랑은 가락으로 따져도 50종이 넘고, 가사로 따지면 4천 종이나 돼요. 그만큼 아리랑에는 말로써 표현할 수 없는 온갖 감정이 녹아 있는 것이죠.

　아리랑이 미국과 캐나다에서 기독교 찬송가로 불리었다는 이야기 들어 보셨어요? 미국 북장로회가 세계 사람들을 끌어안기 위해 세계 각국의 노래를 찬송가로 편찬할 때 2~3천 개의 후보곡 가운데 12명 편찬위원 전원의 찬성으로 아리랑 곡이 채택됐다고 해요.

　아리랑의 뜻과 기원에 대해서는 다양한 설이 있어요.

　수학자 김용운은 '아라리오'는 신을 부르는 소리이고 아리랑은 '하느님과 함께'라는 의미라고 해요. 또 김상일도 아리랑의 뜻을 '하느님과 함께'라고 봐요. 그는 아리랑에서 '알'과 '이랑'을 구별하여 '알'은 하느님을 의미한다고 해요. 또 어떤 이는 '아리'는 곱다는 뜻이고 랑은 '님'을 뜻한다는 흥미로운 해석도 있다고 합니다.

출처 : 『환단고기』 완역본, 상생출판, 2012. 452-453쪽

● アリランについてもっと調べてみましょう~

　最近、Youtubeで検索すると「世界の人が歌うアリラン」といって独特のリズムを作り、アレンジを加えて歌った様々なアリランを聞くことができます。ところで、アリランはただの歌なのでしょうか?

　今に至るまで韓国人の心に深く刻まれているアリランについて皆さんはよくご存知ですか?

　ゆっくり歌うと悲しい音色を持ち、速く歌えば楽しい音色を持つアリラン、この歌は1550年、朝鮮時代の中宗大王の時代、江原道旌善(チョンソン)郡で歌われたという記録があるが、その起源については明らかにされていません。

　アリランは50種類以上の様々なリズムがあり、4000種類以上の歌詞があると言われています。それほど、アリランには言葉では表現できないあらゆる感情が込められているのです。

　アリランがアメリカとカナダでキリスト教の讃美歌として歌われたという話をご存知ですか?アメリカの北長老教会が世界の人々にキリスト教を伝播するために、世界各国の歌を讃美歌として編纂した際、候補として選ばれた2~3000曲の中から12人の編纂委員全員が満場一致でアリランを選んだそうです。

　アリランの意味と起源については様々な説があります。

　数学者である金容雲(キム・ヨンウン)は、「アラリオ」は「神を呼ぶ声」であり、アリランは「神と共に」という意味であると言っています。金相日(キム・サンイル)もまた、アリランの意味を「神と共に」だと主張しています。彼はアリランを「アル」と「イラン」に分け、「アル」が「神」を意味するといいます。また「アリ」というのは「美しい」という意味で、「ラン」は「様」を意味するという興味深い解釈をする人もいます。

出典:『桓檀古記』訳注本、相生出版、2012、p.452~453

◑ More about Arirang~.

When searching on YouTube these days, you can find Arirangs sung by citizens of the world. We can find various reinterpretations of the song with other rhythms people have come up with.

How well do you understand the Arirang which resides deep inside of the Korean people?

The song, Arirang, when sung slowly, sounds doleful, but when sung fast, sounds exciting. Though there is a record, saying it was sung in Jungseon, Gangwon province in 1550, the period of King Jungjong of the Joseon Dynasty, its origin hasn't been revealed yet.

Arirang has more than 50 types of melodies and 4000 kinds of lyrics, as a melting pot of every indescribable emotion.

Did you know that the song was once sung as a hymn in the US and Canada? When the Presbyterian Missionary of America compiled hymns with songs from countries all over the world in order to embrace the world's people, all 12 members of the compilation committee unanimously agreed to choose Arirang out of the 2000~3000 nominated songs.

There have been a lot of theories about its origin.

Mathematician Kim Yong-un argues that 'Arario' was the sound of calling God and that it also meant 'with God'. Kim Sang-il also understands the meaning of Arirang to be 'with God'. He further takes apart the 'ar' from 'irang', and states that the meaning of 'ar' is God. Another interesting take is from a scholar that is said to have considered 'ari' to mean 'being beautiful', and 'rang' to mean 'nim', that is, a reverential suffix meaning 'lord'.

Source: <Hwandangogi> the completely translated edition,
Sangsaeng publishing, 2012, p452-453

스스로 학습평가 · 自ら学習評価 · Self-Evaluation

◎좋아하는 한국 가수는 누구예요?

◎아리랑 노래 가사는 어떻게 돼요?

◎판소리는 무엇이에요?

◎여러분 나라의 전통 음악에 대해 들려주세요.

제14과

한국의 역사를 제대로 알려면 어떻게 해야 하나요?

긷

학습목표   한국의 역사를 알아본다.
국립중앙박물관을 둘러 볼 수 있다.

가 : 고은 씨, 제가 한국이 무척 좋아서 여기에 왔잖아요.

한국 음식, 한국 노래, 한국 영화 다 좋아요.

나 : 캐빈 씨는 이제 한국 사람이 다 된 것 같은데요.

가 : 아뇨 아직 모르는 것이 많아요.

특히 제가 어제 본 책, <단군신화>에서 '곰과 호랑이 이야기'를 읽으며 상당히 이상하다고 생각했어요.

나 : 네, 안타깝게도 한국인조차도 '신화'와 실제 '역사'를 구분하지 못하고 있어요. 마흔일곱 분의 단군이 다스린 단군조선 시대는 실존했던 역사예요.

가 : 그래요?

한국의 역사를 제대로 알려면 어떻게 해야 하나요?

쉽게 알 수 있는 방법이나 역사서가 있으면 소개해 주세요.

나 : 일단 내일 박물관에 가 보기로 해요.

그런 후에 제가 책 한 권을 소개해 줄게요.

어휘와 표현 · 語彙と表現 · Words & Expressions

한글	にほんご	English
상당히	相当(そうとう)に; かなり; よほど; 大分(だいぶん)	considerably; quite; fairly
이상하다	変(へん)だ; おかしい	strange; odd; weird
올바르게	正(ただ)しく	rightly
실존	実存(じつぞん)	existence
제대로	きちんと; ちゃんと	properly; right
역사서	歴史書(れきししょ)	history book
박물관	博物館(はくぶつかん); ミュージアム	museum
일단	いったん; ひとまず; 一応(いちおう)	once; at first
안타깝게도	悲(かな)しいことに; 残念(ざんねん)ながら	unfortunately
신화	神話(しんわ)	myth
수준	レベル; 水準(すいじゅん)	level; standard
흥미	興味(きょうみ)	interest
동시에	同時(どうじ)に	at the same time
꽤	かなり; よほど; ずいぶん; だいぶ	quite; fairly
권	巻(かん); 冊(さつ、書物を数える語)	(책·공책 등을 세는 단위) volume; book; copy
상의하다	相談(そうだん)する	consult; confer

1) ~려면 어떻게 해요?
   일단 ~ 그런 후에

① 서울역에서 인사동에 가려면 어떻게 가야 해요?
   일단 지하철 1호선을 타고 종각역에서 내리세요.
   그런 후에 한 번 더 물어보면 될 거예요.

② 한국어를 빠른 시간 내에 배우려면 어떻게 해야 해요?
   일단 시간 활용 계획을 세우세요. 그런 후에 저와 상의하죠.

③ 몸과 마음을 동시에 건강하게 만들려면 어떻게 해야 할까요?
   일단 자신의 건강상태를 체크해 보세요.
   그런 후에 자신에 맞는 방법을 찾아보는 건 어때요.

함께 해 보기 · やってみよう · Let's Together

1) 빈 칸을 채워 문장을 완성하세요.

> 상당히 꽤 무척 거의 정말 매우 별로
> (중복 사용 가능)

① 우리 팀 선수들은 어땠어요?
　제 생각보다 _____ 잘했어요.
　(보통보다 조금 더한 정도로)

② 그녀의 프리젠테이션은 모두의 호응을 얻을 정도로
　_____ 훌륭했어요.
　준비도 꼼꼼하게 했고, 목소리 전달도 _____ 좋았던 것
　같아요.

③ 이 옷은 어때요?
　음, 유행에도 뒤떨어지고 색상도 _____인 것 같아요.

④ 그 식당은 분위기도 좋고 음식도 맛있어요.
　특히 직원들이 ____ 친절해요.
　_____요? 몰랐어요. 꼭 한번 가봐야겠네요.

⑤ 교실에 학생들이 많아요?
　아뇨 ___ 없어요. 두세 명 정도요.

2) 보기처럼 해 보세요.

> 보기 : 이번 축제 때 무엇을 해야 할까요?
> 지금 당장 회의를 할까요?
> ⇨ 그것보다 일단 먼저 회의 주제를 알리고 준비할
> 시간을 주는 것이 좋을 것 같아요.

① 야외수업은 어디로 갈 거예요. 지금 알려주세요.
  미안하지만, 일단 _____

② 이 일 좀 봐 주시겠어요.
  아 죄송한데, 제 일이 지금 좀 바빠서요.
  일단 _____

③ 일단 _____
  네 알겠습니다. 이야기는 식사 후에 하죠.

④ 박물관을 갈까요? 서점을 갈까요?
  일단 관련 책이 필요하니까 _____ 그런 후에 박물관에
  갑시다.

☯ 대한민국의 참역사서 :『환단고기』

한민족의 창세역사와 시원문화는 물론 세계사의 출발점을 밝혀주는 문화 원전 환단고기

　무엇보다도 어떤 나라의 문화의 속살을 알고자 한다면 그 나라의 정신문화를 살펴보지 않고서는 안 될 거예요. 특히 한국어를 공부해 나가면서 한국과 한국인의 정신을 알고자 한다면 역사를 살펴봐야 합니다.

　그래서 한 권의 역사서를 소개하고자 합니다.

　『환단고기』: 하늘의 밝음 환, 땅의 밝음 단, 그 환단 시대를 살았던 옛 선조들의 기록!

　'한국의 창세 역사와 시원문화 뿐 아니라 세계사의 출발점을 밝혀주는 역사서'로서 앞에서 간간이 언급된 바로 그 참역사서입니다.

　여러분 너무나도 생소하죠?

　만약 누군가가 '한국의 역사는 언제 어디서부터 시작되었나요?'라고 묻는다면, 그에 대한 명쾌하고도 올바른 답을 내려줄 사서가『환단고기』입니다.

　왜냐하면『환단고기』에는 한국 내 어떤 학교에서도 배울 수 없는 사실을 밝혀주고 있기 때문입니다.

『환단고기』를 출품한 서울 국제도서전 / 2013년 6월 서울 코엑스

『환단고기』가 밝혀주는 대한민국의 국통맥

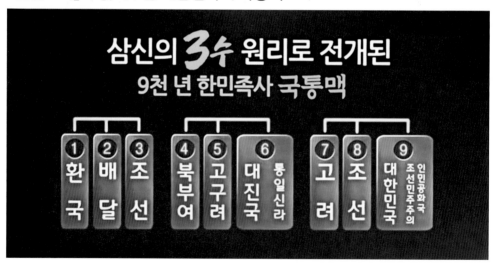

　앞에서 두 개의 조선이라고 말했던 내용을 기억하세요?(단원1 참고) 9천여 년 전 환국에서 출발하여 배달과 조선을 거쳐 지금의 대한민국이라는 나라가 열렸어요.

　『환단고기』에 의하면 환국은 환족이 중앙아시아의 천산을 중심으로 세운 나라

로서, 현 인류 문명사에서 가장 오래된 국가입니다. 놀랍지 않습니까? 이런 역사적인 사실이 기록되어 있기에 『환단고기』는 한국 뿐 아니라 세계사의 출발을 논할 수 있는 중요한 사서라는 것입니다.

『환단고기』는 단순한 역사 사건이 나열된 책이 아닙니다. 한국과 세계사의 뿌리 뿐 아니라 환단 시대의 찬란했던 광명문화와 인간이 지향해야 할 삶과 우주론, 수행 문화 등 참으로 경이로운 이야기들로 가득 차 있습니다.

이 역사서 한 권이면 여러분들이 찾고자 했던 한국문화의 정수를 만끽할 수 있을 겁니다.

앞으로 여러분들이 이 책에 대해 관심을 가지고 꼭 읽어보기를 권합니다. 그런 후에 역사 유적지로 달려가 보세요. 뭔가 다른 한국이 느껴지실 거예요!

☯ 韓国の真の歴史書：『桓檀古記』

人類の創世歴史と始原文化はもちろん世界史の出発点を明かす文化の原典『桓檀古記』

　ある国の文化の真髄を深く理解しようとすれば、何よりまずその国の精神文化を学ぶ必要があります。特に、韓国語を勉強しながら韓国と韓国人の精神を理解するには、歴史を知らなければなりません。

　そこで、一冊の歴史書をご紹介します。

　『桓檀古記』：天の光明「桓」、地の光明「檀」、その桓檀時代を生きた祖先の記録！「韓国の創世歴史と始原文明だけではなく、世界史の出発点を明らかにする歴史書」であり、前章でも幾度か言及された真の歴史書です。

　皆さんは、初めて耳にされたかと思います。

　もし、誰かに「韓国の歴史はいつ、どこから始まりましたか？」と尋ねられたら、その問いに対して最も正確で正しい答えを出せる史書こそ『桓檀古記』なのです。『桓檀古記』は韓国のどの学校でも学ぶことができない事実を明らかにしているからです。

『桓檀古記』を出品したソウル?際?書展 / 2013年6月 ソウル?コエクス

『桓檀古記』が解き明かす韓国の国統脈

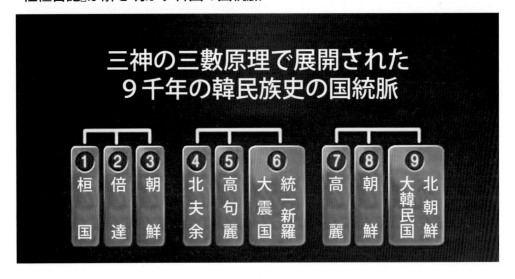

　上述の二つの朝鮮について覚えていますか？(第一章を参照)約9000年前、桓国に始まり、倍達と檀君朝鮮を経て、今の大韓民国という国が開かれました。

　桓檀古記』によれば、桓国は桓族が中央アジアの天山地域を中心に建てた国

で、現人類の文明史の中で最も古い歴史を持つ国です。驚かれたことでしょう？このような歴史的な事実が記録されていることから、『桓檀古記』は韓国だけではなく、世界史の始まりを論じることができる重要な史書だといえます。

　『桓檀古記』は単に歴史上の事実が羅列された書ではありません。韓国と世界史の根源だけではなく、桓檀時代の華やかな光明文化や人間の目指すべき人生・宇宙論・修行文化など、実に驚くべき内容に満ちています。

　この一冊で、皆さんが探し求めていた韓国文化の精髄に触れることができるでしょう。

　皆さん、ぜひこの書に興味を持って一度読んでみてください。その後、遺跡を訪れてください。それまでとは違った韓国が感じられるはずです。

The Korean True Historic Book, <Hwandangogi>

The <Hwandangogi>, the Scriptures of the radiant culture, reveals not only the Korean people's original history and its prototypal culture, but the true genesis of humankind as well.

There is no other way to know the true aspects of a nation, than to look through its spiritual culture. Those learning the Korean language, especially, should examine Korean history to understand the genuine Korea and the Korean spirit.

We introduce a particular history book.

The <Hwandangogi> : 'Hwan', the brightness of Heaven. 'Dan', the brightness of the Earth. 'Gogi', the document that recorded the ancestors who lived in the era of Hwandan.

A bit unfamiliar, isn't it?

If someone were to ask you 'when did Korean history start?', the book which gives an explicit, right answer is the Hwandangogi, which uncovers facts which cannot be learned in any schools in Korea.

'Seoul International Book Fair 2013' with the Hwandangogi put on public display at COEX in Seoul on June 2013

The list(or genealogy) of Korean nations revealed in the Hwandangogi.

Do you remember the two Joseons we learned about before(referring to lesson 1)? About 9,000 years ago, this nation, currently named Daehanminguk, or the Republic of Korea, was founded as Hwanguk, which would later become Baedal and Joseon.

According to the Hwandangogi, Hwanguk, established around the Tianshan mountain range in Central Asia by the Hwan people, is the oldest nation in the cultural history of humanity. Isn't that amazing? With such historic facts recorded in its pages, the Hwandangogi is said to be a significant book which makes it possible to discuss the starting point of world history as well as Korean history.

The Hwandangogi doesn't merely list a sequence of historical events, it is

The 9000-year history of the lineage of Korean sovereignty which has unfolded according to the triadic principle of Samsin, the Triune Spirit.

1. Hwanguk
2. Baedal
3. Ancient Joseon
4. Northern Buyeo
5. Goguryeo
6. Daejin
   Later Silla or Unified Silla
7. Goryeo Dynasty
8. Joseon Dynasty
9. Republic of Korea (ROK)
   Democratic People's Republic of Korea (DPRK)

filled with marvelous stories, encompassing the resplendent culture of brightness in the Hwandan era, the view of life and cosmology worthy of pursuing, as well as meditation culture.

The authentic essence of Korean culture can be enjoyed to the fullest extent by those looking for it by simply reading this historical text comprised in a single volume.

We sincerely recommend everyone to give it a thorough read and then, visit the historical sites. We are certain that your perceptions about Korea will change.

스스로 학습평가 · 自ら学習評価 · Self-Evaluation

◎한국 역사는 얼마나 오래 되었을까요?

◎한국의 박물관을 가 본 적이 있나요?

◎한국의 9천년 역사를 올바르게 알 수 있는 책은 무엇입니까?

◎한국의 국통맥에 대해 이야기해 보세요.

제15과

강화도 마리산에
가는 건 어때요?

듣

학습목표　한국의 역사 유적지를 알아본다.
　　　　　단군조선의 자취를 알 수 있다.

가 : 한국에서 어디를 가 봤어요?

나 : 네, 저는 서울과 경주를 다녀왔어요.
서울은 한국의 현대와 전통을 함께 느낄 수 있는 곳이었어요.
경주는 옛 신라의 수도였던 만큼 전통 문화가 그대로 살아
숨쉬는 것 같았어요. 특히 첨성대를 보며, 한국인들의 천문에
대한 인식이 남달랐다는 걸 알 수 있었어요.

가 : 많은 것을 보고 느낀 것 같네요.
혹시 앞으로 가 보고 싶은 곳은 없어요?

나 : 많아요. 부산과 제주도도 가보고 싶어요.
그런데, 고은 씨가 꼭 추천하는 곳이 있으면 꼭 가 보고 싶어요.

가 : 강화도 마리산에 가는 건 어때요?

나 : 그곳은 어떤 곳이죠?

가 : 네. 단군조선 시대가 실존했던 역사라는 것을 들은 적이
있지요?
바로 1세 단군인 왕검이 직접 그곳에 가서 상제님께 천제를
모셨던 곳이에요. 아주 의미가 깊어요.

나 : 듣고 나니까, 강화도 마리산은 한국의 역사를 알 수 있는 아주
중요한 유적지네요.

어휘와 표현 · 語彙と表現 · Words & Expressions

한글	にほんご	English
숨 쉬다	息(いき)をする; 呼吸(こきゅう)する	breathe; respire
유적지	遺跡(いせき)	historic(al) site; ruins
천제	天祭(てんさい); 天神(てんじん)に祭(まつ)ること	a ritual for the worship of the heavenly gods
단군왕검	檀君王儉(だんくんおうけん)	Dangun Wanggeom; founder of Korea's Gojoseon
남다르다	格別(かくべつ)だ; 並(なみ)はずれな	unusual; uncommon; extraordinary
천문	天文(てんもん)	astronomical phenomena

1) ~니까

가 : 그 책 어땠어요?

나 : 읽기 전에는 몰랐는데 읽고 나니까 주인공의 삶이 느껴져요.

가 : 예진 씨가 안 보이네요. 벌써 집에 갔어요?

나 : 아뇨 있는 것 같아요. 제가 보니까 가방이 책상 위에 있는데요.

가 : 새로 이사 온 얀 씨는 어떤 사람이에요?

나 : 알고 보니까 굉장한 사람이에요.
　　아이들이 5명인데 혼자서 돌보면서 자기 일도 하고 있다고 해요.

2) ~ 것은 어때요?

가 : 비가 갑자기 오네요.

나 : 밖에서 기다리기가 힘드니까 안으로 <u>들어가는 것은 어때요?</u>

가 : 이번 주 일요일 서울 북 콘서트에 가는 건 어때요?
     한국의 역사 문화를 알 수 있는 좋은 기회가 될 거예요.

나 : <u>네 좋아요.</u> 준비물은 없나요?
     <u>미안해요.</u> 이번 주에는 약속이 있어요. 다음에 갈게요.

가 : _____ 어때요?
     네 좋아요 _____
     미안해요 _____

함께 해 보기 · やってみよう · Let's Together

1) 지도를 봅시다. 친구들과 한국 역사 여행을 떠나는 건 어때요?

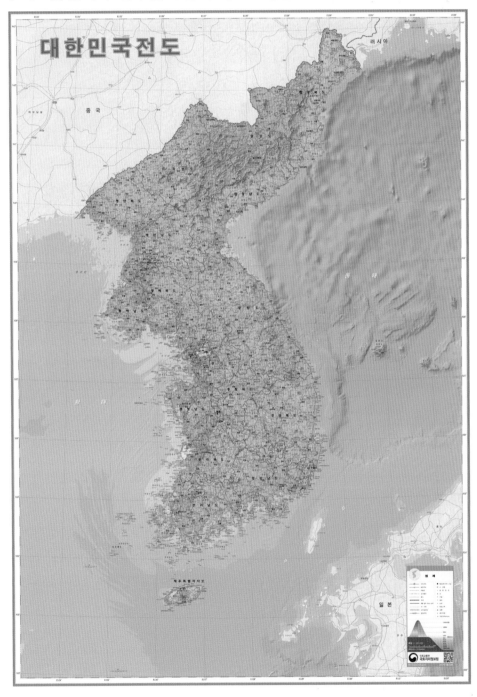

☯ 마흔일곱 분의 단군이 다스렸던 나라, 단군조선[고조선]

수많은 세월 동안 한국인 뿐 아니라 한국어와 한국문화를 배우고 있는 여러분들도 단군왕검이 세운 조선의 역사를 '신화'로 알고 있었어요. 그렇죠?

지금도 여전히 그렇게 말하는 이들이 적지 않게 있어서 안타까워요.

그 첫 번째 이유로는 대한민국의 사료 1호인 『삼국유사』「고조선」에서 단군왕검의 수명과 재위 연수를 다음과 같이 기록했기 때문이에요.

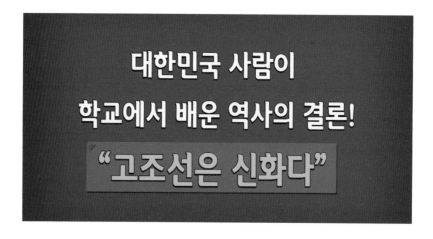

"『위서』에 이르기를 지난 2000년 전에 단군왕검이 있었다. 아사달에 도읍을 정하고 나라를 세워 이름을 조선이라 하시니 요임금과 같은 때였다. 『고기』에 이르기를 … 임금이 나라를 1500년 동안 다스렸다. 후에 은밀히 아사달로 돌아와 산신이 되었으니 1908세였다."

여기에는 단군왕검이 홀로 1500년 동안 나라를 다스렸고, 1908년을 살다가 신선이 되었다고 하고 있어요. 이것을 믿을 사람이 어디 있을까요? 여기에는 단군조선을 다스린 임금의 계보가 없어요. 그렇기 때문에 '단군은 신화다'라고 억지 주장을 합니다.

그럼, 역사의 진실은 무엇일까요?

앞에서 우리는 한국의 참역사서 『환단고기』에 대해 알아보았는데요.

그 『환단고기』 속에 「단군세기」가 있었어요. 바로 그 「단군세기」는 2096년 동안 마흔일곱 분이 다스린 단군조선의 역사 문화를 온전히 기록하고 있어요.

대한민국의 역사 교과서 어디에서도 볼 수 없는 역사적인 사실을 하나 볼까요?

한 나라를 개국한 창시자는 아주 중요하지요. 「단군세기」에서는 단군조선을 연 왕검에 대해 이렇게 기록하고 있어요.

"단군왕검은 기원전 2370년 5월 2일 박달나무가 우거진 곳에서 태어났다. 14세 되던 기원전 2357년 웅씨국 왕이 왕검의 신성함을 듣고 비왕(임금을 보좌하는 으뜸 벼슬)으로 천거하여 웅씨국을 맡아 다스리게 하였다.

그로부터 24년 후 기원전 2333년에 웅씨국에서 돌아온 왕검은 구환족을 통일하고 백성들의 추대를 받아 초대 단군이 되었다. 아사달에 도읍을 정하여 나라를 세우고 조선이라 하였다. 비왕으로 24년, 단군으로 93년 동안 제위에 있었으며 수명은 130세였다."

탄생	신묘(환기4828, 신시개천1528, BCE 2370)년 5월 2일 아버지는 단웅, 어머니는 웅씨왕의 따님(하얼빈 비서갑 하백의 따님)
14세	웅씨왕이 비왕裨王으로 천거, 대읍국의 국사를 맡음(24년간)
38세	무진(BCE 2333)년 당요때 단국檀國에서 돌아옴 아사달(송화강)에 도읍을 세우고 나라 이름을 '조선'이라 함
130세	93년간 재위, 천수는 130세를 누림

왕검은 어머니의 나라 웅씨국에서 제왕 수업을 받고 구환족을 통일할 수 있는 통솔력을 갖추게 되었으며, 그 나라 이름을 조선이라고 했다는 거예요.

이 단군조선 시대는 삼한관경제로 나라를 셋(진한-번한-마한)으로 나누어 다스렸고 3번 도읍을 옮겼어요.

	단군조선		중국사
제1왕조 : 송화강 아사달 (하얼빈) 시대 삼한	단군왕검~21세 소태단군 (BCE 2333 ~ BCE 1286), 1048년		요순 시대 ~ 하 ~ 은 22세 무정武丁 왕
	1048 + 860 = 1908년		
제2왕조: 백악산 아사달 (장춘) 시대 삼조선	22세 색불루단군 ~ 43세 물리단군 (BCE 1285 ~ BCE 426), 860년		은 말기 ~ 주周 31세 고왕
제3왕조 : 장당경 아사달 (개원) 시대 대부여	44세 구물단군 ~ 47세 고열가단군 (BCE 425 ~ BCE 238), 188년		춘추시대 말 ~ 전국시대

그리고 단군이란 지금의 대통령과 같은 직책을 나타내는 명칭이지 한 분의 이름이 아닌 것을 누구라도 알 수 있어요. 이렇게 1세 단군부터 47세 단군까지 크고 작은 일들의 기록이 고스란히 담겨 있는 역사를 어찌 두 눈을 뜨고 왜곡할 수 있단 말인가요?

우리가 첫 시간에 '한글의 비밀'에 대해 이야기한 적이 있어요?

만약 단군조선의 실제 역사를 모른다면, 한글의 원형이 되는 가림토 38자가 3세 단군 때 만들어졌다는 것을 알 수도 없다는 사실, 한국어를 배우는 사람이라면 한 번 더 되새겨 봐야 할 거예요.

진정한 한류는 여러분이 대한민국의 참 역사를 알 때 그 참맛을 경험할 수 있게 될 거라 확신해요!

● 47代の檀君が治めた国、檀君朝鮮(古朝鮮)

長い間、韓国語や韓国の文化を学んでいる皆さんも、檀君王倹が建てた朝鮮の歴史を「神話」だと思っていたことでしょう。

今も相変わらず、そう思っている人が少なくないことに胸が痛みます。

学校で学んだ韓国古代の歴史
「古朝鮮は神話である」

その最初の理由は、韓国の史料の第一号である『三国遺事』「古朝鮮」に檀君王倹の寿命と在位期間について次のように記録されているからです。

「『魏書』曰く、二千年前に檀君王倹がいた。阿斯達に都を定めて国を建て、朝鮮と名付けた。その時期は堯と時を同じくした。『古記』曰く…王が国を千五百年年間治めた。…後に密かに阿斯達に戻り、齢一九〇八にして山神と化した。」

ここには檀君王倹が一人で1500年間国を治め、1908年を生き、山神になったと記されています。これを信じる人がどこにいるでしょうか?ここには檀君朝鮮を治めた王の系図がありません。そのために、「檀君は神話である」という歪んだ主張がなされるのです。

それでは、歴史の真実とは何でしょうか?

前述の通り、私たちは韓国の真の歴史書、『桓檀古記』について学びました。

そこに「檀君世紀」が収められています。「檀君世紀」には2096年間47代の檀君が治めた檀君朝鮮の歴史と文化が記録されています。

どの韓国の歴史教科書にも載せられていない歴史的な事実を一つご紹介し

ましょう。

　国を開いた創始者は非常に重要です。「檀君世紀」には檀君朝鮮を開いた檀君王倹について次のように記しています。

　「檀君王倹は紀元前二三七〇年五月二日、檀木の茂る地で生まれた。齢十四を迎えた紀元前二三五七年、熊氏国の王が王倹の神聖さを耳にして、裨王(王を補佐する最も高い官職)に推挙して、熊氏国を治めさせた。

　その24年後にあたる紀元前2333年、熊氏国から戻ってきた王倹は九桓族を統一し、民から推戴され、初代檀君に就いた。阿斯達に都を定め、国を建ててその名を朝鮮とした。裨王として24年、檀君として93年間、国を治めた。寿命は130歳だった。」

誕生	辛卯(桓紀4865、神市開天1565、檀紀元年、前2333)年五月二日 父は檀雄、母は熊氏王の姫(斐西岬(ハルビン)河伯の娘)
14歳	熊氏王が裨王として推挙し、大邑国の国事を受け持つ(24年間)。
38歳	戊辰(前2333)年、唐尭の時、檀国から帰り、 阿斯達(松花江)に都を定めて国を建て、その名を朝鮮とした。
130歳	93年間在位し、寿命は百三十歳であった。

　王倹は母の生国である熊氏国で帝王になるための教育を受け、九桓族を統一することができるような統率力を得ることができました。統一した後は国の名を朝鮮と定めたそうです。

檀君朝鮮		中国
第一王朝:松花江阿斯達 (ハルビン)時代 三韓	檀君王倹~21世蘇台檀君 (前2333~前1286)、1048年	堯舜時代～夏 ～殷の22世、武丁王
第二王朝:白岳山阿斯達 (長春)時代 三朝鮮	1048＋860＝1908年	殷の末期~周の31世、 考王
	22世索弗婁檀君~43世勿理檀君 (前1285~前426)、860年	
第二王朝:蔵唐京阿斯達 (開原)時代 大夫余	44世丘勿檀君~47世高列加檀君 (前425~前238)、188年	春秋末~戦国時代

　この朝鮮時代は三韓官境制という制度によって、国を3つ(辰韓－番韓－馬韓)に分けて治めました。三度の遷都が行われました。

　そして、檀君というのは今の大統領のように役職を表す名称であり、王そのものの名前ではないことが分かります。このように、初代檀君から47代檀君までの詳細が記録されている歴史をどうして歪曲することができるというのでしょうか。

　最初に「ハングルの秘密」について勉強したのを覚えていますか？

　檀君朝鮮の本当の歴史を知らなければ、ハングルの原形になる加臨土38文字が3世檀君の時に作られたということも知り得ないということを、韓国語学習者は知っておく必要があります。

　そして皆さんが韓国の真の歴史を知るときこそ、韓流の真髄を体験することができるのです。

☯ Dangun Joseon(Gojoseon), the nation ruled by 47 Danguns

Countless years have gone by since not just Koreans, but most people learning the Korean language and about Korean culture have regarded the existence of the Joseon established by Dangun Wanggeom as a mere myth rather than real history.

It is a pity that the number of those who still believe this is not small.

> **One of the most incorrect historical knowledges Koreans have been taught in school history classes is:**
> **"Gojoseon, ancient Korean Empire, is a myth rather than a history."**

The first reason behind this can be found in the section on Gojoseon in the Samguk Yusa, called the 'first historical record of Korea' for it recorded the lifetime and the lengths of reign of each Dangun in the following way:

"The Book of Wei has it that Dangun Wanggeom lived 2000 years ago. He established a nation, set up its capital in Asadal, and named it Joseon. Contemporary with Tang Yao, the 'Gogi' says ...the king ruled the nation for 1500 years... then secretly came back to Asadal to become an immortal at the age of 1908."

This book states that Dagun Wanggeom alone controlled the nation for 1500 years, lived to be 1908, and then became an immortal, a claim which is understandably hard to believe. Plus, there is no record of the Danguns in the book, leaving room for far-fetched claims such as that 'Dangun is nothing but a myth.'

Then, what is the truth?

We have learned of the Hwandangogi, revealing the authentic history of Korea in a previous lesson.

The Dangunsegi, one of the 5 historical documents comprised in the Hwandangogi, has a comprehensive record of the history and culture of Dangun

Joseon for 2096 years during the reign of its 47 rulers.

Let's look into a historical event found nowhere in other history books of Korea.

A historical document involving a national founder would be more than invaluable. The Dangunseogi has records of Wanggeom who established Dangun Choseon as below:

"Dangunwanggeom was born on May 2nd, 2370 BCE in an area heavily forested with sacred birch trees. In 2357 BCE, when he was 14, the king of the Ung clan kingdom heard of his sanctity, and named him to the primary position, 'Biwang', assistant to the king, and had him undertake and reign the kingdom of the Ung clan.

24 years later, in 2333 BCE, he came back to the kingdom of the Ung clan, unified the 9 peoples of Hwan, and ascended to the throne of the first Dangun by the approval of the people. Setting up the capital in Asadal, he named the nation Joseon. He was on the throne for 24 years as Biwang, and another 93 years as Dangun, living to be 130.

Birth	He was born on the second day of the fifth month in the year of White Rabbit (The 4828th year of Hwan; the 1528th year of Sinsi; BCE 2370)
age 14	On the recommendation of the King of Wungsiguk, He was appointed a biwang (regent), and responsible for national affairs of Daeubguk for 24 years.
age 38	In the year of Yellow Dragon (BCE 2333), during the reign of Emperor Yao in China, He returned from Danguk, and established the capital in Asadal─situated in the Songhwagang River basin─, calling the nation Joseon.
age 130	He reigned for 93 years, and attained full lifespan at the age of 130.

After learning how to be an emperor in the kingdom of the Ung clan, his mother's nation, Wanggeom became qualified to unify and lead the 9 peoples of Hwan into a nation he named Joseon.

In the period of Dangun Joseon, the nation was governed by Sanhangwangyoengje, the ruling system which divided the territory into 3 parts (Jinhan-Beonhan-Mahan). Its capital was transferred 3 times, as well.

Dangun Joseon		China
The First Kingdom: The Songhwagang Asadal Era (Today's Harbin) Three Hans	(BCE2333~BCE1286), 1048 years From Dangun Wanggeom (the 1st Dangun) to the 21st Dangun Sotae (BCE2333~BCE1286; 1048 years)	From Yao-Shun Era through the Xia Dynasty to the 22nd King Wu Ding of the Shang Dynasty
	1048 + 860 = 1908 years	
The Second Kingdom: The Baekaksan Asadal Era (Today's Changchun) Three Joseons	(BCE1285~BCE426) 860 years From the 22nd Dangun Saekbullu to the 43rd Dangun Mulli (BCE1285~BCE426; 860 years)	From the last period of the Shang Dynasty to the 31st King Kao of the Zhou Dynasty
The Third Kingdom: The Jangdanggyeong Asadal Era (Today's Kaiyuan) Daebuyeo	(BCE425~BCE238), 188 years From the 44th Dangun Gumul to the 47th Dangun Goyeolga (BCE425~BCE238; 188 years)	From the end the Spring and Autumn period to the Warring States period

It is impossible for one to fail to recognize that the word 'Dangun', used for a governmental position, such as the presidency of the modern day, is anything but a certain person's own name. How can anybody with their eyes open dare to deny this book, where historical events, from major to trivial, during the reigns of the first Dangun to the 47th and final Dangun remain intact?

We've learned about the secret of Hangeul in the first lesson.

As Korean language learners, we need to remember this: without knowing the real history of Dangun Joseon, we couldn't know that the 38 letters of Garimto are the very archetype of Hangeul, either.

We are certain that one will only be able to experience the authentic Korean wave when they have understood the true history of Korea!

◎강화도 마리산은 어디에 있어요?

◎한국의 대표적인 유적지를 써 봅시다.

◎대한민국의 국보1호는 뭐예요?

◎단군조선의 첫 번째 왕에 대해 말해 봅시다.

◎단군조선은 어떤 나라였어요?

찾아보기 · インデックス · Index